Paris, LE BAILLY, Editeur, Rue Cardinal

LA
CHANSON
FRANÇAISE

A la Française! (page 1)

LA
CHANSON
FRANÇAISE

RÉUNION NOUVELLE ET CHOISIE

DES MEILLEURES ŒUVRES

DE NOS

POÈTES ET AUTEURS DRAMATIQUES

les plus célèbres du jour

TELS QUE :

MM. Jules BARBIER, BURANI, L. CAPET,
Michel CARRÉ, Gustave CHOUQUET, G. CLERC,
Hector CRÉMIEUX, DELORMEL,
Paul DEROULÈDE, Étienne DUCRET, L. HALÉVY,
Ad. JAIME, LAMARTINE, Eugène de LONLAY,
H. MEILHAC, J. NORIAC, Ch. NUITTER, PÉRICAUD,
C. de RICHEMONT, de SAINT-GEORGES,
Victorien SARDOU, A. TREFEU, TREMEL,
Comte de VIEL-CASTEL, etc., etc.

PARIS

LE BAILLY, ÉDITEUR

6, RUE CARDINALE, 6

Paris. — Imprimerie Arnous de Rivière, rue Racine, 26

LA CHANSON FRANÇAISE

CONCOURS DE POÉSIE
DE L'ELDORADO

PREMIER PRIX
obtenu par

A la Française

Paroles de G. CLERC.
Musique de J. CARBONNIER.

*La musique se trouve chez A. LEDUC,
éditeur, rue de Grammont, 3, Paris.*

Ils étaient cent, ils étaient mille!
Paris était leur rendez-vous;
Et la gaîté de tous ces fous
Illuminait la grande ville!
Avec des rires libertins
Ils s'attablaient aux gais festins
Que devant eux servait la vie!
Ils jetaient l'or; et sous leurs doigts
On entendait bruire à la fois
Tout les grelots de la folie!

Ah ! criaient-ils, sus aux pédants !
Tout le monde en France a vingt ans
   Ne vous déplaise !
Dettes, amours, duels, chansons !
La vie est courte, et nous vivons
   A la française.

Soudain parmi ces bruits de fête
Un cri d'alarme frissonna !
Pour la patrie, hélas ! sonna
Le glas affreux de la défaite !
Sous les chevaux de l'ennemi
Le sol français avait frémi,
Le canon roulait son tonnerre :
Et l'étranger se demandait
Si ce peuple qui s'amusait
Allait savoir s'armer en guerre.

Ah ! disait-il, ça ne vaut pas
Bouteille en main ou femme au bras !
   Le fusil pèse !
Français, on sonne du clairon !
Dites-nous, comment se bat-on
   A la française ?

On se bat à la baïonnette !
On se bat n'importe comment,
Au pas de course et follement !
On se bat sans tourner la tête ;
Contre le sac du fantassin
Ils ont troqué leur verre plein,
Ces fous surpris dans leur ivresse !
On les a vus, en tourbillon,
Comme au bal marcher au canon
Et traiter la mort en maîtresse !

Leur rire éclairait leur valeur !
Ils s'élançaient gaîment au cœur
   De la fournaise !
Couverts de sang ils plaisantaient...
Et c'est ainsi qu'ils se battaient
   A la française !

Ces murs ravagés par les bombes,
Ces champs, Patrie, où tu tombas,
Ont vu tes fils et leurs combats,
Et la terre y garde leurs tombes !

C'est là qu'à défaut du drapeau
Nos mains mettront un vert rameau,
Nos cœurs mettront une espérance!
Et qu'aux dépouilles du guerrier
L'ombre immortelle du laurier
Dira ce que devient la France.

Laurier, dis-leur que les vaincus
Dans leur douleur ne chantent plus
  La Marseillaise.
Mais que tout homme est un soldat
Dont l'amour veille et le cœur bat
  A la française !

LES PETITS PIFFERARI

DUO

[Chanté par Mesdames **J. PERSON**
et **V. WAVILOFF**, à l'Alcazar d'été.

Paroles de DELORMEL et J. DE RIEUX.
Musique de Frédéric BOISSIÈRE.

*La musique se trouve chez J. HIÉLARD,
éditeur, rue Laffitte, 8,*

— Nous avons quitté la Romagne,
Notre chaumière au fond des bois,
En nous retournant bien des fois
Pour voir au loin notre montagne!
— Pour tout bagage nous avions
Une musette et des chansons,
Et le baiser de notre mère !
Nous avons fait un long chemin,
 Chantant pour gagner notre pain,
 Et nous riant de la misère !

(*Ensemble, bien accentué.*)

 Mes beaux messieurs, mes belles dames,
 Les deux petits pifferari
 Font appel à vos bonnes âmes :
 Écoutez leur air favori !

Et viva la France ! tra la i la tra la i la !
Et viva la France, et la liberta!
Que Dieu vous récompense ! (bis)
Et viva la France et la liberta!

— Il est bien loin, notre village...
Que nous avons fait de chemin !
Nous tenant tous deux par la main
Pour achever notre voyage !
— Nous venons avec le printemps,
Nous arrivons en même temps
Que les joyeuses hirondelles
Au bord de votre toit béni :
Laissez-nous cacher notre nid,
Ainsi que vous faites pour elles !
  Mes beaux messieurs, etc.

— Nous chanterons à perdre haleine
Tous les airs de notre pays :
On dit qu'on les aime à Paris ;
Un petit sou, pour notre peine...
— Nous voulons par notre gaîté
Payer votre hospitalité :
Allons, Pietro, vite, commence !
Chante ! je vais t'accompagner :
Il faut gagner notre dîner,
Nous finirons par une danse !
  Mes beaux messieurs, etc.

LA JOURNÉE DU LYCÉEN

RONDEAU

Raconté par **G. PITER**.

Paroles de A. SALIN.
Musique de Frédéric BOISSIÈRE.

*La musique se trouve chez J. HIÉLARD,
éditeur, rue Laffitte, 8, Paris.*

Chère maman, tu me l'as fait promettre,
Avec bonheur je comble tes désirs,

En te donnant le détail, dans ma lettre,
De nos travaux comme de nos plaisirs !
Dès le matin, la cloche qui résonne
Nous fait quitter le lit quand vient le jour;
Mais on nous dit que bien sûr à l'automne
La cloche doit faire place au tambour!

En attendant, on court d'un pas agile
A la classe où maint élève malin,
En traduisant soit *Phèdre*, soit *Virgile*,
Au professeur fait perdre son latin !
Au déjeuner, en recherchant les dates
Des temps passés nous voyons, pleins d'orgueil,
Que le *Brouet* des anciens Spartiates
N'était aussi qu'un potage au cerfeuil!

Ce repas pris, nous levons tous le siège,
Nous retournons au latin, puis au grec,
Car nul de nous, au sortir du collége,
N'a le désir d'être appelé *Fruit-sec!*
La Rhétorique et la Philosophie
Sont pour les grands; mais j'espère un beau jour,
En travaillant, comme j'en ai l'envie,
Être ainsi qu'eux philosophe à mon tour !

D'un professeur, bien drôle de figure,
Le mois dernier j'avais, sur mon album,
Fait le portrait, vraiment d'après nature...
Il me flanqua deux cents vers pour *Pensum!*
Mon cousin Paul pour moi demanda grâce :
Ah ! lui dit-il, vous êtes son champion!
Vous copierez quatre cents vers d'*Horace*...
Ce professeur est un bien méchant *Pion!*

Moi je ne suis encor qu'en quatrième...
Mais quand viendront les concours et les prix
J'espère bien arriver en troisième...
Et voir alors petit père surpris !
Je te promets de redoubler de zèle,
Puisqu'*en forgeant on devient forgeron;*
A mon serment, je veux restant fidèle,
Bien *carrément* traduire *Cicéron*.

Un vieux grognard nous montre l'*exercice*,
Et chaque jour, tout fier de nos succès :
Il nous promet qu'un avenir propice
Bientôt rendra son lustre au nom français !
Vient le dîner ! la soupe grasse est maigre...!
Mais au menu nous savons faire honneur;
Le petit vin, qui frise le vinaigre,
Est amplement baptisé, par bonheur !

C'est un moyen qu'indique la prudence,
Car l'eau d'*Arcueil* affluant dans Paris,
Nous pouvons tous nager dans l'*abondance* :
Le *petit-bleu* ne nous voit jamais *gris* !
En m'assurant qu'aujourd'hui dans le monde,
Pour être un homme, il faut savoir fumer :
Hier, en cachette, un grand de la seconde
M'offre un cigare et je veux l'allumer...

J'aspire fort..., au bout d'une minute
Par le vertige alors je suis surpris !
Mon cœur allait succomber dans la lutte :
Je ne veux pas être un homme à ce prix !
Après dîner, on s'amuse, mais l'heure
Trop promptement nous appelle au *dortoir :*
D'un court répit, vainement on se leure...
Il faut se rendre à la voix du devoir !

L'un rêve alors qu'il arrive à la gloire,
L'autre, des mers qu'il brave les hasards !
Un autre ronfle en rêvant la victoire
Et l'épaulette à graines d'*épinards !*
Je rêve à toi ! la meilleure des mères !
Ici ma voix est l'écho de mon cœur;
Je rêve enfin aux *vacances* si chères,
Où tous mes jours sont des jours de bonheur !

Chère maman, je termine ma lettre,
En t'embrassant et rendant grâce au ciel
Des jours heureux qu'il semble me promettre
A mon retour au foyer paternel.

LE JUGEMENT de Pâris

FABLIAU

Chanté par **DUPUIS**, au théâtre des Variétés

dans

LA BELLE HÉLÈNE

OPÉRA BOUFFE

Paroles de Henri MEILHAC et Ludovic HALEVY.
Musique de J. OFFENBACH.

La musique se trouve chez HEUGEL et Cie, éditeurs, 2 bis, rue Vivienne, Paris.

Au mont Ida trois Déesses
Se querellaient dans un bois :
Quelle est, disaient ces princesses,
La plus belle de nous trois ?

Evohé ! que ces Déesses
Pour enjôler les garçons,
Evohé ! que ces Déesses
Ont de drôles de façons ! (*bis.*)

Dans ce bois passe un jeune homme,
Un jeune homme frais et beau !
(*Parlé*) C'est moi !
Sa main tenait une pomme,
Vous voyez bien le tableau... Eh !

Hola ! eh ! le beau jeune homme.
Un instant, arrêtez vous,
Et veuillez donner la pomme
A la plus belle de nous.

Evohé ! que ces Déesses.
Pour enjôler les garçons,
Evohé ! que ces Déesses
Ont de drôles de façons ! (*bis.*)

L'une dit : j'ai ma réserve,
Ma pudeur, ma chasteté ;
Donne le prix à Minerve,
Minerve l'a mérité.

Evohé ! que ces Déesses
Ont de drôles de façons...

L'autre dit : J'ai ma naissance,
Mon orgueil et mon Paon ;
Je dois l'emporter, je pense,
Donne la pomme à Junon !

Evohé ! que ces Déesses
Ont de drôles de façons
Pour enjoler les garçons....

La troisième, ah ! la troisième
La troisième ne dit rien....
Elle eut le prix tout de même,
(*Parlé*) Chalcas vous m'entendez bien...

Evohé ! que ces Déesses.
Pour enjoler les garçons...
Evohé ! que ces Déesses
Ont de drôles de façons ! (*bis.*)

Les couplets ci-dessus sont extraits de la pièce en vente au prix de 2 francs, *maison Calmann-Lévy*, éditeur, 3, rue Auber, et 15, boulevard des Italiens.

LES PETITS RAMONEURS

DUO

Chanté par Mmes **AMIATI** et **RIVIÈRE**
à l'Eldorado.

Paroles de DELORMEL et J. DE RIEUX.
Musique de Frédéric BOISSIÈRE.

*La musique se trouve chez J. HIÉLARD,
éditeur, rue Laffitte, 8, Paris.*

— Haut en bas ! — Haut en bas !
— Frère, tu n'aperçois personne,
Bah ! Ne te décourage pas ;
Je suis certain, tu le verras,
Que la recette sera bonne.
— Toi, tu prends tout cela gaîment
Et tu te ris de la misère
Helas, moi, c'est bien différent
Je regrette notre chaumière.
   (*Ensemble.*)
Qu'ils sont loin les monts et les bois
Où nous avons ri tant de fois !

(*Ensemble.*) REFRAIN.

Lorsque vient la fin de l'automne
Quand on voit poindre les frimas
Le petit ramoneur entonne
Son gai refrain du haut en bas !
Qu'il grêle, qu'il vente ou qu'il neige
  Nous allons et prions
  Le ciel qu'il nous protége
  Puis nous chantons :

(*Voix nasillarde.*)
Qui veut qu'on ramone sa cheminée (*bis*)
  Haut en bas ! Haut en bas !

— Au départ, quand notre grand'mère,
Tout en pleurant nous a bénis,
— Que de fois nos yeux attendris
Ont fait un retour en arrière !

— Eh bien ! travaillons ferme, il faut,
Pour la soigner dans sa vieillesse
Arrondir un petit magot.
C'est à quoi je pense sans cesse

(*Ensemble.*)
Mais pour gagner un peu d'argent,
Il faut ramoner joliment!
 Lorsque vient, etc.

— Oh! oui, nous avons bon courage,
En entendant demain matin,
Au point du jour notre refrain,
Messieurs, donnez nous de l'ouvrage
— Et vous me rendrez ma gaîté,
Si vous écoutez sa prière ;
Un peu de bonne volonté,
Vous savez que c'est pour grand'mère.

(*Ensemble.*)
De retour dans notre pays,
Tous trois nous bénirons Paris.
 Lorsque vient, etc.

SALUT! SALUT!

ROMANCE

Paroles de L. CAPET.
Musique de Frédéric BOISSIÈRE.

La musique se trouve chez **J. HIÉLARD**,
éditeur, rue Laffitte, 8, Paris.

Je te revois, ô mon village
Où s'écoulèrent les beaux jours
De mon insouciant jeune âge
Dont je me souviendrai toujours,
Vieux clocher de notre humble église
Qui s'élève droit vers les cieux,
Sur ton vieux toit d'ardoise grise
Où chantent les moineaux joyeux !

Salut, salut ! ô mes vertes campagnes
Je vous revois vallons toujours fleuris,
Ruisseau qui coule au pied de nos montagnes
En murmurant sous tes charmants abris !
  O mes vertes campagnes,
    Salut, salut !

Je vais revoir, ô douces fêtes,
Mes grands bœufs au regard si doux
Les beaux nids dressés dans les faîtes
Des hauts chênes et des vieux houx ;
Mon chien Rustaud, ami fidèle,
Qui, veillant sur mes jeunes ans,
Avec moi, dans l'herbe nouvelle
Mêlait ses jeux chaque printemps !

  Salut, salut ! etc.

Voici là-bas mon toit de chaume
Que dore un reflet de soleil,
Où sous la treille qui l'embaume
Le pinson chante à son réveil.
Mon cœur tressaille d'espérance,
En songeant au bonheur promis
Qu'après une aussi longue absence
Je vais revoir parents, amis !
  Salut, salut ! etc.

L'ORPHELINE DE LA ROCHE

MÉLODIE

Paroles de A. BOUNIOL.
Musique de Frédéric BOISSIÈRE.

*La musique se trouve chez J. HIÉLARD,
éditeur, rue Laffitte, 8, Paris.*

Errant un jour sur la montagne
Une orpheline au front rêveur,
Disait tout bas : Rien n'accompagne
L'enfant perdu, dans son malheur !

Oui, j'ai grandi, sans qu'une mère
Vienne un seul jour baiser mon front,
Et mon âme dans sa prière
Ne peut même dire son nom !

Tendres échos, portez-lui ma pensée
Et dites bien aux échos d'alentour,
Que sur la roche où je fus délaissée
Je l'attendrai, jusqu'à mon dernier jour ! *(bis)*

   Sur terre, hélas ! pauvre isolée !
   Tout me rappelle ma douleur,
   Et les enfants de la Vallée
   Ne m'appellent jamais leur sœur !
   L'oiseau dans son nid de verdure
   Qui se balance sous l'ormeau
   Semble me dire en son murmure,
   Que je n'ai pas même un berceau !

Tendres échos, etc. *(bis)*

Dites-lui bien que sans caresse
L'enfant se meurt désespéré ;
Mon cœur a droit à sa tendresse ;
J'ai tant souffert ! j'ai tant pleuré !
Et si là-haut, ange et martyre,
Elle est auprès de l'Éternel,
D'ici j'attends son doux sourire ;
Ne suis-je pas plus près du ciel !

Tendres échos, etc. *(bis)*

Paris.—LE BAILLY, Libraire-éditeur,
Rue Cardinale, 6, et rue de l'Abbaye, 2 (bis),
(entre les rues de Buci et Bonaparte).
Les chansons contenues dans ce recueil sont la propriété de l'éditeur.
Les contrefaçons seront poursuivies avec toute la rigueur des lois

LE
CLAIRON

CHANT

Interprété par Mlle **AMIATI**, à l'Eldorado.

Poésie de Paul DEROULÈDE.

Musique de Émile ANDRÉ.

La musique se trouve chez L. BATHLOT, éditeur, rue de l'Échiquier, 39.

L'air est pur, la route est large,
Le Clairon sonne la charge,
Les Zouaves vont chantant,
Et là-haut sur la colline
Dans la forêt qui domine,
Le Prussien les attend.

Le Clairon est un vieux brave,
Et lorsque la lutte est grave,
C'est un rude compagnon;
Il a vu mainte bataille
Et porte plus d'une entaille,
Depuis les pieds jusqu'au front.

C'est lui qui guide la fête,
Jamais sa fière trompette
N'eut un accent plus vainqueur ;
Et de son souffle de flamme,
L'espérance vient à l'âme,
Le courage monte au cœur.

On grimpe, on court, on arrive,
Et la fusillade est vive,
Et les Prussiens sont adroits,
Quand enfin le cri se jette :
« En marche ! A la baïonnette ! »
Et l'on entre sous le bois.

A la première décharge,
Le Clairon sonnant la charge,
Tombe frappé sans recours ;
Mais, par un effort suprême,
Menant le combat quand même,
Le Clairon sonne toujours.

Et cependant le sang coule,
Mais sa main, qui le refoule,
Suspend un instant la mort.
Et de sa note affolée,
Précipitant la mêlée,
Le vieux Clairon sonne encore.

Il est là, couché sur l'herbe,
Dédaignant, blessé superbe,
Tout espoir et tout secours ;
Et sur sa lèvre sanglante,
Gardant sa trompette ardente,
Il sonne, il sonne toujours.

Puis dans la forêt pressée,
Voyant la charge lancée
Et les Zouaves bondir,
Alors le Clairon s'arrête,
Sa dernière tâche est faite,
Il achève de mourir.

Cette poésie est extraite des CHANTS DU SOLDAT, *ouvrage couronné par l'Académie française*. Un volume in-32 jésus, en vente au prix de 1 fr., chez Calmann-Lévy, éditeur, 3, rue Auber, et 15, boulevard des Italiens, Paris.

LA FLEUR DU MATIN

MÉLODIE

Chantée par Mlle LÉONI, à l'Eldorado,
et Mlle GEORGINA, à Ba-ta-clan.

Paroles de A. BOUNIOL.
Musique de F. BOISSIÈRE.

La musique se trouve chez J. HIÉLARD, éditeur, rue Laffitte, 8, Paris.

Je suis la fleur éclose
Des brises du matin ;

Coquette, je me pose
Aux buissons du chemin ;
Quoique fraîche et vivace,
Sous mon calice bleu,
Dès que la nuit m'enlace,
Je meurs et dis : adieu !

Vous qui passez sur le chemin,
N'arrachez pas la fleur légère ;
Laissez la vivre sur la terre,
Laissez la vivre un seul matin } *bis*

Fillettes, pour parure
Vous me cueillez, hélas !
Comme si la nature
Ne vous suffisait pas.
Craignez ce faux caprice
Qui désire un attrait,
Car souvent l'artifice
Cache un défaut secret.

Vous qui passez, etc.

La fleur a son poëme
Comme l'être animé,
Sa vie est un problème
Que Dieu seul a formé.
Chacun de nous doit suivre
La loi du Créateur,
Qui nous a fait pour vivre :
L'enfant, l'oiseau, la fleur.

Vous qui passez, etc.

L'ALMÉE

CHANSON ORIENTALE

Chantée par Mlle **MÉTIDJA**, à l'Alcazar d'été.

Paroles de L. CAPET.

Musique de F. BOISSIÈRE.

*La musique se trouve chez J. HIÉLARD,
éditeur, rue Laffitte, 8, Paris.*

Enfant de l'Inde orientale,
Ce pays où le roi-soleil,
Du matin jusqu'au soir étale
Son manteau de pourpre vermeil.
Je naquis sous un vert platane
Souriant à l'éclat du jour ;
Ma mère étant reine sultane,
Je fus un enfant de l'amour !

Ah ! ah ! ah ! ah !
Je suis l'almée
Qui tour à tour
Danse acclamée,
Chante l'amour. } *bis.*

Sous notre beau ciel sans nuages,
Qui brille d'un ciel toujours pur,
Et fait qu'on aime à tous les âges,
Inondé par des flots d'azur.
Joyeuse en chantant je me livre
A la danse avec volupté;
Tandis qu'un doux parfum m'enivre
Comme en un palais enchanté.

    Ah ! ah ! ah ! ah !
    Je suis l'almée, etc.

Quand sous l'or, la soie et la gaze
Se dessinent mes fins contours,
Je vois se plonger dans l'extase,
Les spectateurs ivres d'amours !
Alors des hurras frénétiques,
Partent du fond de tous les cœurs,
Avec des présents magnifiques
On me couvre de mille fleurs !

    Ah ! ah ! ah ! ah !
    Je suis l'almée, etc.

On dit que j'ai noire prunelle,
Dents blanches, lèvres de corail,
Qu'il n'est pas de femme aussi belle,
Parmi celles du grand sérail ;
Qu'épris enfin de tant de charmes,
Le vieux sultan, pour ma beauté,
Donnerait ses plus belles armes.
Mais je veux vivre en liberté,

    Ah ! ah ! ah ! ah !
    Je suis l'almée, etc.

INVOCATION A VÉNUS

Chantée

par MM^{mes} SCHNEIDER et JUDIC
au théâtre des Variétés.

dans

LA BELLE HÉLÈNE

OPÉRA BOUFFE

Paroles de Henri MEILHAC et LUDOVIC HALÉVY.
Musique de J. OFFENBACH.

La musique se trouve chez HEUGEL et Cie, éditeurs, 2 bis, rue Vivienne, Paris.

Nous naissons toutes soucieuses
De garder l'honneur de l'époux,
Mais des circonstances fâcheuses
Nous font mal tourner malgré nous;
Témoin l'exemple de ma mère
Quand elle vit le Cygne altier,
Qui chacun le sait fut mon père,
Pouvait-elle se méfier ?   *(bis)*.

Dis-moi, Vénus, quel plaisir trouves-tu } bis.
A faire ainsi cascader, cascader la vertu ?

Ah ! malheureuses que nous sommes !...
Beauté fatal présent des cieux !...
Il faut lutter contre les hommes,
Il faut lutter contre les dieux !...
Avec vaillance moi je lutte,
Je lutte et ça ne sert à rien...
Car si l'Olympe veut ma chute.
Un jour ou l'autre il faudra bien... [bis]

Dis-moi Vénus, quel plaisir trouves-tu } bis
A faire ainsi cascader, cascader la vertu ?

Les couplets ci-dessus sont extraits de la BELLE HÉLÈNE, opéra-comique en 3 actes, en vente au prix de 2 francs, chez Calmann-Lévy, éditeur, 3, rue Auber, et 15, boulevard des Italiens, Paris.

UN PORTRAIT

Un peintre de talent, me montrant le portrait
D'un des rois du barreau, vivement désirait
Connaître mon avis. — Je le trouve superbe,
Fis-je, sans hésiter, au Raphaël en herbe ;
Mais, pour être bien vrai, pas assez ressemblant;
Un portrait d'avocat... ça doit être *parlant !*

POINCLOUD,

Membre honoraire du Caveau.

UN FESTIN
DANS LES BLÉS

CHANSONNETTE

Paroles de E. HUBERT.
Musique de F. BOISSIÈRE.

*La musique se trouve chez J. HIÉLARD,
éditeur, rue Laffitte, 8,*

L'abeille reine des insectes
Avait convoqué ce jour-là,
Ses sujets de toutes les sectes
Pour un grand festin de gala,
De juillet le soleil superbe
Dorait la cime de nos blés,
Et les bluets émaillaient l'herbe
De leurs calices étoilés !

C'est le festin des libellules,
Des cigales, des papillons ;
Abeilles quittez vos cellules
Et sauterelles vos sillons ;
C'est le festin des libellules,
Des cigales, des papillons.

La fourmi parut la première
Bien qu'elle fût venue à pied ;
Cette infatigable ouvrière
Toute la nuit avait veillé.
Elle seule dressa la table.
Pour ce repas à ciel ouvert ;
Chacun la trouva trop aimable
D'avoir préparé le couvert,

C'est le festin, etc.

La race ailée est très-friande,
Le menu fut fort délicat :
Quelques vers en guise de viande
Firent les frais du premier plat ;
Puis la suite fut composée
Du suc des plus brillantes fleurs ;
Comme vins, gouttes de rosée
Et quelques fruits secs pour primeurs.
   C'est le festin, etc.
Au dessert on eut la musique
De deux bourdons et d'un cricri ;
Le concert fut si magnifique
Que chacun était ahuri.
Les puces, au son de l'orchestre,
Formèrent un corps de ballet
Et dansèrent un pas sylvestre,
Qui produisit beaucoup d'effet.
   C'est le festin, etc.
Ce qui fut le moins convenable
Ce fut le moment du départ ;
Le grillon en quittant la table,
Chantait faux un air goguenard.
On vit la demoiselle agile
Se heurter aux tiges des blés,
Et les papillons à la file
Par terre, aux hannetons mêlés.
   C'est le festin, etc.
Les mouches s'étant attablées
La nuit, aux restes du festin ;
Furent en grand nombre avalées,
Par les mésanges, le matin.
Cela prouve qu'en toute chose
Il faut se retirer à temps,
Et que la gourmandise est cause
Des malheurs les plus éclatants.
   C'est le festin, etc.

LES MULETIERS DE CASTILLE

DUO

Chanté par MM. **DESROCHES**
et **GUILLABERT**.

Paroles de VILLEMER et L. DELORMEL.
Musique de Frédéric BOISSIÈRE.

*La musique se trouve chez J. HIÉLARD,
éditeur, rue Laffitte, 8, Paris.*

— Sous l'orage où sous le soleil,
Par la montagne ou par la plaine.
Dès le matin sans prendre haleine,
Nos mules sonnent le réveil !
— Non, de Burgos à Salamanque,
Il n'est pas de riche Hidalgo,
Pas de Senorita qui manque,
Lorsqu'on veut aller au galop,
    (*Ensemble*).
D'appeler Juan ou Benito.   (*bis*).

REFRAIN : (*Ensemble*).

Hé hop, hé hop !
Nos mules gentilles

Faites sonner vos grelots.
Hé hop, hé hop!
Qu'on entende vos sabots
Sur les routes des deux Castilles,
Ah! ah! le joli métier. *(bis)*.
Que celui de muletier. *(bis)*.

— Faut-il au village voisin
Emmener une fiancée,
Prenant une allure pressée
Ma mule se met en chemin.
— Tandis que la jeune fillette,
Tout bas fredonne un gai refrain :
Ma mule agitant sur sa tête
Ses grelots au son argentin,
(Ensemble).
Emplit l'air d'un joyeux tintin *(bis)*.

Hé hop, etc.

— Nos deux mules dans le pays
Sont sans rivales à la course,
Et nous avons dans notre bourse
Plus d'or que de maravédis.
— Aussi quand vers sa vieille mère,
On revient le cœur tout joyeux :
Prends, lui dit-on, plus de misère ;
Et la vieille essuyant ses yeux,
(Ensemble).
Dit en remerciant les cieux : *(bis)*.

Hé hop, etc.

Paris. — LE BAILLY, Libraire-éditeur,
Rue Cardinale, 6, et rue de l'Abbaye, 2 (bis),
(entre les rues de Buci et Bonaparte).
Les chansons contenues dans ce recueil sont la propriété de l'éditeur.
Les contrefaçons seront poursuivies avec toute la rigueur des lois

Paris. — Imprimerie Arnous de Rivière, rue Racine, 26.

LA MULE DE PÉDRO

CHANSON

Chantée au théâtre de l'Opéra,

dans la

MULE DE PÉDRO

OPERA

Paroles de DUMANOIR.

Musique de Victor MASSÉ.

*La musique se trouve chez LEGOUIX, éditeur,
27, boulevard Poissonnière, Paris.*

Ma mule qui chaque semaine,
Me mène aux marchés d'alentour;
Le soir doucement me ramène,
Quand sonne l'heure du retour.

Bien mieux que moi, la bonne bête
Sait le chemin de la maison...
 (Demi-voix).
Ah ! c'est qu'elle a toute sa tête, ⎫
Quand moi je n'ai plus ma raison. ⎭ *(bis.)*
 (Parlant).
Aussi qui ne connaît la mule de Pédro ! *(bis)*.

De ses grelots, de ses sonnettes,
Dès que le bruit frappe l'écho,
Chacun dit : Écoutez ces joyeuses clochettes ! *(bis)*.
C'est la mule de Pédro ! *(4 fois)*.

Sachant très-bien tout ce que j'aime,
Elle a pour moi des soins discrets,
Et va s'arrêter d'elle-même
Au seuil de tous les cabarets.
Vienne à passer fille jolie,
Elle s'arrête encore bien mieux...
 (Demi-voix).
Et même alors chaste et polie, ⎫
Pour ne rien voir baisse les yeux. ⎭ *(bis)*.
 (Parlant).
Aussi qui ne connait la mule de Pédro ! *(bis)*.

De ses grelots, de ses sonnettes.
Dès que le bruit frappe l'écho
Chacun dit : Écoutez ces joyeuses clochettes ! *(bis)*.
C'est la mule de Pédro ! *(4 fois)*.

Les couplets ci-dessus sont extraits de la *Mule de Pédro*, opéra en 2 actes, en vente au prix de 1 fr. chez Calmann-Lévy, éditeur, 3, rue Auber, et 15, boulevard des Italiens.

SI J'OSAIS... OSER!
CHANSONNETTE
Chantée par Georges **PITER**.

Paroles et Musique de Mme Amélie PERRONNET.

La musique se trouve chez J. HIÉLARD, éditeur, rue Laffitte, 8, Paris.

Je suis timid'... C'est même pas assez dire
Ce que je suis... je n'peux pas l'expliquer :
A mes dépens, soit qu' j'ai' peur de fair' rire,
Que j'craign' le blâme ou ben quéqu'chose de pire,
Toujours est y qu'à rien je n'peux m'risquer.
  On vant' la prudence,
  Mais y n'faut pas j'pense,
  En trop abuser :
  Moi, c'est un martyre.
  A tout c'que j'désire,
  Je n'sais rien que m'dire :
   (*Hésitant*).
  Si j'osais... oser!

La p'tit' Lison, — vous d'vez ben la connaître
C'te gentill' fill' dont tout l'village est fou ? —
Filait au rouet l'autre jour près d'sa f'nêtre
J'm'approch' sans bruit, — Ell'm'avait ben vu, p'têtr'
Et comm' ça, t'nez, tendait son joli cou.
  Ell' semblait attendre
  Que j'arriv' lui prendre
  Un gentil baiser :
  De l'voler, je m'flatte,
  Mais, d'bout sur un' patte
  J'dis, tout écarlate :
   (*Hésitant*).
  Si j'osais..... oser !

Ya, dans l'pays, un gas qu'est ma bêt' noire :
C'est l'grand Pacaud ! D'tout l'monde il est l'en'mi ;

Sournois, hargneux, méchant à n'y pas croire,
Taper su l'faible est l'plus beau d'son histoire....
Hier, dans l'foin, je l'vois qu'est endormi.
   Jusqu'à lui j'm'avance :
   Te v'là sans défense
   J'pourrais t'écraser !
   Tu dors.... ça m'démonte...
   Mais, n'était la honte :
   J'te flanq'rais ton compte,
   (*Avec une rage comique et retenue*).
   Si j'osais..... oser !

Au bout d'mon pré, su l'bord de la rout' neuve,
Dans un' masure ouverte à tous les vents
Loge un' femm' jeune encore et déjà veuve
Qui d'la misèr', subit la rude épreuve
Et s'tu d'travail pour nourrir quatre enfants.
   Comme ell' n'est point laide
   Si j'lui venais en aide
   On pourrait jaser.
   Pâle et hors d'haleine
   Ell' glan' dans la plaine;
   Comm' j'la tir'rais d'peine
   (*Avec élan... mais timide*).
   Si j'osais..... oser !

J'aime assez lir', quoiq' je n'sois pas très-brave
D'ces vieux romans qui vous donn'nt froid dans l'dos,
Et ma mémoire en d'vient tell'ment esclave
Que lorsqu'y faut que j'descende à la cave
Tirer du vin ou monter des fagots :
(*Avec ter-* Sous les voût's obscures,
 reur). J'vois des grand's figures,
   Dans l'noir s'accuser :
   J'ai des *tracs* sans nombre
   Mais sur le mur sombre,
   (*S'efforçant de rire*).
   J'touch'rais p'têtr'!... mon ombre...
   Si j'osais..... oser !

Un grand désir que j'ai d'puis mon enfance
Quand la jeuness' dans' sous les vieux noyers.

C'est de m'mêler, à mon tour, à la danse...
Quand j'vois chacun qui s'trémousse et s'balance
Je m'sens courir des *froumis* dans les pieds.
    Seul'ment, comme on r'garde,
    Jamais je n'm'hasarde
    Même à m'proposer:
    Mais des heur's entières
    D'vant nos grosses fermières
    (*Dansant avec prétention*).
    J'f'rais des p'tit's manières...
    Si j'osais..... oser!

Entre mill' chos's que j'aim'rais savoir faire :
Ça serait d'nager... Quand y fait bien chaud
Et q'je m'promèn' sur le bord d'un' rivière
J'voudrais pouvoir m'*virvousser* dans c't'eau claire
Comme un canard ou comme un p'tit bateau.
    Mais ça d'vient comique
    De voir quell' panique
    C'liquid' peut m'causer.
    (*Se posant, comme pour se jeter à l'eau*).
    Un', deux
    (*Parlé : en se retournant comme s'adressant
        à quelqu'un*),
      (*N'poussez pas...*)
    (*Chanté*) :
    Trois ! j't'en moque !
    Pourtant, c'est baroque :
    J'nag'rais comme un phoque
    Si j'osais,.... oser !

Comment m'guérir de c'te vraie maladie
De n'point jamais pouvoir *vouloir* c'que j'veux ;
Même en c'moment, si fort qu'j'en meur' d'envie
Je tremble encor d'agir à l'étourdie
En vous d'mandant d'vous montrer généreux.
    Sans vous faire offense,
    Un brin d'indulgence
    Pourrait m'déniaiser:
    N'y a qu'un geste à faire...
    Mais j'crains d'vous déplaire :
    J's'rais trop téméraire...
    (*Faisant le geste d'applaudir*).
    Si j'osais.... oser !.

FLEUR D'HIVER

Mélodie

Paroles de L. DE TROGOFF.
Musique de F. BOISSIÈRE.

*La musique se trouve chez J. HIÉLARD,
éditeur rue Laffitte, 8, Paris.*

Oh! qu'elle est triste la nature,
Dans la saison au froid accueil!
Plus de rayons, plus de verdure,
L'oiseau se tait dans l'arbre en deuil!
Mais tout à coup perçant la neige,
Une fleur vient se révéler.
Alors que l'hiver nous assiége,
Elle apparaît pour consoler. *(bis.)*

Les frêles plantes ses compagnes,
Ont, hélas! péri dès longtemps;
Elle du moins dans nos campagnes,
Garde la séve du printemps.
L'espoir, ce charme qui protége,
Elle sait bien le rappeler;
Alors que l'hiver nous assiége
Elle apparaît pour consoler. *(bis).*

Petite fleur, toi qui nous restes,
Quand les beaux jours ont déserté,
Je crois voir dans tes traits modestes
La persistante charité.
Les maux et leur sombre cortége,
N'ont rien qui puisse l'ébranler!
Alors qu'un fléau nous assiége
Elle apparaît pour consoler, *(bis).*

Allons Margot

QU'ON SE DÉPÊCHE

Chanson du Postillon

Chantée
par Mme **JUDIC**, des Bouffes-Parisiens,
dans la

TIMBALE D'ARGENT

OPÉRA BOUFFE

Paroles de A. JAIME et J. NORIAC
Musique de Léon VASSEUR.

La musique se trouve chez CHOUDENS, *éditeur,
rue St.-Honoré, 265 (près l'Assomption).*

Allons, Margot, qu'on se dépêche !
Mes bottes, mon sac, mon manteau ;
A mon fouet, qu'on mette un' mèche,
Et qu'on apporte mon chapeau.
   Allons, ma chère,
   Ne te fais pas prier,
   Donne un baiser, un verre,
   Le coup de l'étrier.

Ah!... clic, clac, hop! hop!
Fallait voir son fouet
Fallait voir comme il en jouait.

Allons, Margot, qu'on se dépêche !
Sur un' jamb' faut pas s'en aller.
Verse à nouveau, ta mine fraîche
Me donne envie de r'nouv'ler...
 Je me sens folâtre,
 Encore un gros baiser ;
 Le drôle en prit quatre,
 Ma foi, sans se griser.

 Ah! clic, clac, etc.

Au cinqui'èm' voilà qu'il chancelle,
C'est qu'aussi c'est un rude vin.
A pein' s'il peut se t'nir en selle,
Les guides tombent de sa main...
 Cela la fait rire,
 Jean perd tout son aplomb.
 Et Margot de lui dire :
 Allons, allons, bois donc !

 Ah! clic, clac, etc.

Margot est une fille prompte !
En croupe elle saute en deux temps ;
A prendre un fouet n'y a pas de honte,
Quand c'est pour obliger les gens.
 Ainsi qu'un' flèche,
 Tout part à fond de train ;
 On entend la mèche
 Accompagner l' refrain.

 Ah! clic, clac, etc.

Les couplets ci-dessus sont extraits de l'opéra-bouffe, en 3 actes, en vente, au prix de 2 francs, *maison Calmann-Lévy*, 3, rue Auber, et 15, boulevard des Italiens.

LE CHIEN
DE L'AVEUGLE

ROMANCE

Chantée par Melle AMIATI, à l'Eldorado.

Paroles de VILLEMER, et DELORMEL.

Musique de Frédéric BOISSIÈRE.

*La musique se trouve chez J. HIÉLARD,
éditeur, rue Laffitte, 8, Paris.*

La neige tombe et la bise est cruelle.
Mon pauvre chien, tu dois avoir bien froid,
J'ai beau râcler ma vieille ritournelle,
Chacun s'éloigne et nul ne songe à toi.
Je vais redire encore cette romance,
Qui nous valut jadis tant de gros sous;
Peut-être alors aurons-nous plus de chance,
Vers les passants tourne tes yeux si doux!

(Avec sentiment.)

Tends ta sébille, ô mon pauvre caniche,
Et sur ce pont restons jusqu'à ce soir ;
Si la recette en rentrant n'est pas riche,
Nous nous partagerons un morceau de pain noir. *(bis.)*

Te souviens-tu de nos jours de bataille,
Où nous avons tous les deux bien souvent
Bravé sans peur des torrents de mitraille ?
On t'appelait le chien du régiment.
Depuis longtemps mes yeux à la lumière,
Se sont fermés, mais je bénis mon sort ;
Je n'ai pas vu sur la France ma mère,
Se déployer l'étendard de la mort !

    Tends ta sébille, etc.

Qu'ai-je entendu ? dans ma pauvre cassette
Vient de tomber une pièce d'argent.
Qu'il soit béni celui qui me la jette.
Il te caresse... ô ciel ! c'est un enfant !
Que le malheur ne brise pas sa vie,
Qu'il voie un jour triompher son drapeau,
Et revenir dans la mère patrie.
Chaque Français exilé du hameau.

Rentrons chez nous, viens mon pauvre caniche,
Car en pain blanc s'est changé le pain noir,
Grâce à l'enfant notre sébille est riche,
Bénissons-le, tous deux nous dînerons ce soir. *(bis)*.

LES VERTUS DE L'AMOUR

ROMANCE

Paroles de P. PROVANSAL.
Musique de Adolphe NÉERMANN.

*La musique se trouve chez J. HIÉLARD,
éditeur, rue Laffitte, 8, Paris.*

Le soleil ce jour-là riait à la rosée
    Et la fleur au buisson,
Les petits des oiseaux chantaient sous la feuillée
    Leur plus douce chanson.
Zéphir venait donner une caresse amie,
    Aux frêles arbrisseaux ;
Et partout plus joyeux dans la plaine fleurie,
    Bondissaient les agneaux.
C'est que j'aimais la blonde Madeleine,
Et son amour me rendait tout heureux,
    Me rendait tout heureux.
D'objets riants la terre est toute pleine,
    Quand on est amoureux. *(bis)*.

Je vis sur mon chemin une vieille pauvresse
    Qui me tendit la main,
Et je fus étonné qu'en ce jour d'allégresse
    Quelqu'un pût avoir faim.
Regardant ses haillons, écoutant sa prière,
    Je fus près de pleurer,
Et tout ému de voir une telle misère,
    Je donnai sans compter.
C'est que j'aimais la blonde Madeleine,
Et son amour me rendait généreux,
    Me rendait généreux.
Il est si doux de soulager la peine,
    Quand on est amoureux.   (*bis*).

Puis en un triste jour dans nos pauvres campagnes
    Se turent les chansons,
Et ne résonna plus l'écho de nos montagnes
    Qu'à la voix des canons,
Et moi, l'enfant craintif, le pâtre des vallées
    Je partis confiant,
Sans crainte de la mort emportant aux armées
    L'amour pour talisman.
Car je l'aimais la blonde Madeleine,
Et son amour me rendait courageux,
    Me rendait courageux.
On ne peut pas succomber dans la plaine,
    Quand on est amoureux.   (*bis*).

Paris.— LE BAILLY, Libraire-éditeur,
Rue Cardinale, 6, et rue de l'Abbaye, 2 (bis),
(entre les rues de Buci et Bonaparte).
Les chansons contenues dans ce recueil sont la propriété de l'éditeur.
Les contrefaçons seront poursuivies avec toute la rigueur des lois

Mes 28 Jours

CHANSON
DES RÉSERVISTES

Paroles de E. ANDRÉ.
Musique de BEN TAYOUX.

La musique se trouve chez E. MINIER, Éditeur,
38 et 40, boul. Haussmann, et 15 r. de la Chaussée-d'Antin.

De la réserve je suis membre,
Et je vais philosophiqu'ment
Faire Février en Septembre,
En rejoignant le régiment.
Il en est dont l'cœur se déchire
Au moment d'la séparation ;
Quant à moi, mon Dieu, j'vais vous dire
Quelle est là-d'ssus mon opinion :

Vingt-huit jours sans voir ma belle-mère,
Vive, ma foi, vive, ma foi !
   Le servic' militaire
Sous officiers, caporaux et soldats,
Ah ! laissez-moi vous serrer dans mes bras ! *(bis)*

Calme des champs et paix de l'âme,
Fut-il jamais sort plus heureux ?
Vrai, si ce n'était ma p'tit' femme,
J'partirais encor plus joyeux.

Cher ange ! pauvre tourterelle !
Un mois loin de son gros chien-chien !
Mais son cousin reste auprès d'elle,
D'la distraire il trouv'ra l' moyen.
  Vingt-huit jours, etc...

J'emporte un flacon de Benzine,
Du saucisson et du rosbif,
Des chaussettes de laine fine.
De l'Eau d' Cologne et puis du suif ;
Trois ch'mis's de toile, un' pip' splendide,
Enfin, je viens de faire achat
D'un' boît' de poudre insecticide.
Ah ! quel plaisir d'être soldat !
  Vingt-huit jours, etc...

Au point du jour en avant... arche
 Prrra pa pa pa pa
C'est l'commenc'ment du tremblement
 Prrra pa pa pa pa
Marche, remarche et contre-marche,
 Une ! deusse !
Pas en arrièr', pas en avant,
 Gauche ! droite !
Dans tout ceci, ce qui m'console,
C'est qu'si ma femm' ne marche pas,
 Troisse ! quatre !
Dans un mois j'vous donn' ma parole
Que j'saurai bien la mettre au pas,
  Vingt-huit jours, etc...

Loin d'une famille chérie,
Les jours quelquefois semblent longs.
Alors, on pense à la patrie,
C'est la grande famille... allons !
Et, qu'ils soient gais ou qu'ils soient tristes,
Qu'ils soient d' la ferme ou du château,
Partout, partout nos réservistes
Ont fait leur devoir, — et c'est beau.

Sachant bien que la France est leur mère,
Ils apprendront le métier militaire:
Quand la patrie a besoin de leurs bras,
Tous les Français doivent être soldats.

LE BONHOMME JANVIER

CHANSONNETTE

Paroles de A SALIN.
Musique de F. BOISSIÈRE.

*La musique se trouve chez J. HIÉLARD
éditeur, rue Laffitte, 8, Paris.*

Voici le bonhomme Janvier !
    Son cortége
    Couvert de neige
Accourt chez nous sans dévier,
Salut, salut au bonhomme Janvier.

    Lorsqu'en son gîte,
    Et l'œil au guet.
    Sur son Bréguet
Il voit l'heure prescrite,
    Avec sa suite,
    Il part soudain
    Bien plus vite
Que n'importe quel train,
    Dans son trajet
    Nul temps d'arrêt,
    Il apparaît
Fin du dernier trimestre.
    Et stupéfait,
    C'est à regret
    Que saint Sylvestre
Alors fait son paquet !
Voici le bonhomme, etc.

    Gelée et bise,
    Givre, aquilons
    De fins grêlons
Ornent sa barbe grise ;
    Soignant sa mise
    Pour nos climats,
    Vite il frise
Sa perruque à frimas.

Sous son chapeau
Qui brave l'eau,
Sous son manteau
Qui peut narguer la veste;
Au pied levé,
Sur le pavé,
De son pas leste
Il est vite arrivé !
Voici le bonhomme, etc.

Fort en charades
Le premier jour
De son retour
Témoin des embrassades,
Des accolades
Des vœux pompeux,
Vrais ou fades,
Il les devine au mieux;
Aussi joujoux,
Bonbons, bijoux,
Sont à prix fous,
Car partout l'orgueil perce
Grâce à lui l'or
Coule à plein bord,
Et le commerce
Avec lui va très-fort !
Voici le bonhomme, etc.

En joyeux drille,
Malgré l'hiver,
Il trône fier
Aux fêtes de famille;
Le vin scintille,
Le bouchon part,
L'esprit brille,
De tout il veut sa part.
Aux lycéens
Nouveaux, anciens,
Charmants vauriens,
Il offre le champagne,
Dans un banquet
Où, satisfait
Saint Charlemagne
Est orné d'un bouquet !
Voici le bonhomme, etc.

Si sa présence,
Signe de froid,
Glace d'effroi
La pénible indigence,
Son éloquence
Sait réveiller
L'opulence
Qui pourrait sommeiller,
Oui, ses accents
Simples, touchants
Mais tout-puissants
Allégent la souffrance ;
Et la douleur
Trouve un sauveur,
Car l'espérance,
Est déjà du bonheur !
Voici le bonhomme, etc.

IL FAUT LUI COUPER LES AILES

Romance.

Chantée par Mlle DELILLE, à l'Eldorado, et par Mlle LATOUCHE, à l'Alcazar d'été.

Paroles de L. CAPET et E. CAREL.
Musique de F. BOISSIÈRE.

La musique se trouve chez J. HIÉLARD éditeur, rue Laffitte 8, Paris.

Un groupe de jeunes filles
Causait dans un coin du bois,
Mais à travers les charmilles
Le vent apportait leurs voix.
Elles parlaient d'amourettes,
C'étaient là tous leurs discours,
Car jeunes filles coquettes
Ne parlent que des amours.

Bien volage, disaient-elles,
Est l'amour, charmant lutin,
Pour retenir le mutin,
Il faut lui couper les ailes. (*bis.*)

Jeanne s'en allait seulette
Menant aux champs son troupeau,
Elle pleurait la fillette
Un trop ingrat damoiseau.
D'amour, toute une semaine
Il avait bercé son cœur,
Maintenant son âme en peine
Soupire après le bonheur !
Coulez mes larmes cruelles,
L'amour a fui ce matin
Pour retenir le mutin
Fallait lui couper les ailes. (*bis.*)

Jeanne ayant épousé Pierre,
Un soir enfin revenu,
Etait heureuse et bien fière
De ce bonheur inconnu.
Parfois craignant l'inconstance
De son trop volage époux,
Elle éprouvait la souffrance
Que ressent tout cœur jaloux !
Et des pleurs de ses prunelles
Tombaient lorsqu'un beau matin,
Amour, dit-elle soudain,
Il faut te couper les ailes. (*bis.*)

Maintenant une enfant blonde,
Toute rose; aux doux yeux bleus,
Pour Jeanne et Pierre en ce monde,
Est un trésor précieux.
L'amour dans leur maisonnette
A dressé son plus beau nid,
Pierre adore sa Jeannette,
Et Jeannette tout bas dit :
Point ne suffit d'être belle,
La beauté fuit un matin.
Un joli petit bambin
A l'amour coupe les ailes. (*bis.*)

MA PREMIÈRE FEMME EST MORTE

Légende.

Chantée par **DUPUIS**, au théâtre des Variétés,

dans

Barbe-Bleue

OPÉRA BOUFFE

Paroles de Henri MEILHAC et LUDOVIC HALÉVY.

Musique de J. OFFENBACH.

La musique se trouve chez HEUGEL et Cie, éditeurs, 2 bis, rue Vivienne, Paris.

Encore une, soldats, belle parmi les belles !
Pourquoi donc le destin les met-il sur mes pas,
Ces femmes qu'aussitôt des morts accidentelles,
    Arrachent de mes bras,
      (Presque pleurant.)
    Arrachent de mes bras ?

Ma première femme est morte
Et que le diable m'emporte,
Si j'ai jamais su comment. *bis.*
La deuxième et la troisième,
Ainsi que la quatrième,
Je les pleure (*ter.*), également.
La cinquième m'était chère,
Mais, la semaine dernière,
A mon grand étonnement, *bis.*
Sans aucun motif plausible,
Les trois Parques, c'est horrible !
L'ont cueillie en un moment. *bis.*
(*D'une voix terrible.*)
    Je suis Barbe-bleue ! *ter.*
Barbe-bleue, Barbe-bleue, Ah !
(*Très-gaiement.*)
Je suis Barbe-bleue ô gué !
Jamais veuf ne fut plus gai, non,
Je suis Barbe-bleue, ô gué !
Jamais veuf ne fut plus gai,
    Barbe-bleue ! Ah !
    Jamais veuf, non,
Jamais veuf ne fut plus gai !
    Je suis Barbe-bleue.

Maintenant que j'ai dit comme
L'on m'appelle et l'on me nomme,
Chacun comprend à l'instant, *bis.*
Que mon unique pensée
Est de la voir remplacée,
(Celle que, celle que,)
Celle que j'adorai tant.
Entre nous, c'est chose faite,
La sixième est toute prête,
Mais je sais ce qui l'attend. *bis.*
Je le sais et je crois même
Que déjà, de la septième,
Je m'occupe vaguement. *bis.*
    Je suis Barbe-bleue, etc.

Les couplets ci-dessus sont extraits de BARBE-BLEUE, opéra-bouffe en 3 actes, en vente au prix de 2 francs, chez Calmann-Lévy, éditeur, 3, rue Auber, et 15, boulevard des Italiens, Paris.

LE GUIDE MONTAGNARD

Paroles de F. DUVERT.
Musique de F. BOISSIÈRE.

*La musique se trouve chez J. HIÉLARD,
éditeur, rue Laffitte, 8, Paris.*

A peine j'ai vu seize années,
Mais je ne crains rien, je suis fort,
Je suis enfant des Pyrénées
Et j'ai bravé cent fois la mort.
Les touristes que j'accompagne
Depuis deux ans dans la montagne,
M'ont surnommé le fils de l'air ;
J'ai pour ailes un crochet de fer !

    Et je guide
    Sûr, rapide,
    Sans danger,
    L'étranger,
    A la roche,
    Je m'accroche,
Et l'on arrive au glacier,
Car j'ai des muscles d'acier,
Oui, j'ai des muscles d'acier.

Un jour, placé sur une cime
J'aperçois au pied du rocher
Un enfant glissant dans l'abîme
Qu'un buisson venait d'accrocher.

Je descends, je bondis, je roule,
Sous mes pas la roche s'écroule,
Mais je remonte triomphant :
Dans mes bras, je tenais l'enfant.

    Moi, je guide, etc.

Lorsque la famille affolée
De l'enfant qui tremblait encor
Fut de retour dans la vallée,
On me fit accepter de l'or,
Et m'élançant vers la chaumière
Où m'attendait ma vieille mère,
Je lui dis plus heureux qu'un roi :
Tiens mère, tiens prends tout pour toi !

    Moi, je guide, etc.

AU BORD DE LA MER

BARCAROLLE

Paroles de L. CAPET et E. CAREL.
Musique de F. BOISSIÈRE.

*La musique se trouve chez J. HIÉLARD
éditeur, rue Lafitte, 8, Paris.*

Au loin l'horizon rayonne
D'un spectacle grand et beau,
De feux la mer se sillonne,
Le soleil embrase l'eau.
La vague est verte, et puis rose,
Le ciel est teint de rubis,
On dirait l'apothéose
D'une fête au paradis !

Et l'on voit les blanches voiles
Que le soleil tisse d'or ;
La vague les berce encor,
Quand paraissent les étoiles ;
Et le pêcheur sans effort,
Joyeux va rentrer au port. *(bis.)*

Sur le sable du rivage,
La lame vient s'amollir,
Apportant le coquillage
Que l'enfant va recueillir.
Aux galets, l'eau verte jase,
Mille feux étincelants
De rubis et de topaze
Éclatent en jets brillants.
Et l'on voit les blanches voiles
Que le soleil tisse d'or
Au loin s'avancer encor,
Quand ont paru les étoiles ;
Le pêcheur chante plus fort
Car il approche du port. *(bis.)*

Les goëlands rasent l'onde,
Blancs papillons des rochers ;
Ils viennent faire leur ronde
Aux mâts des pauvres nochers.
Le disque du soleil touche
Au ciel ainsi qu'à la mer,
Puis dans la vague il se couche
Comme un démon dans l'enfer !
Alors sur les blanches voiles,
Disparaît le reflet d'or ;
Mais la barque avance encor
A la clarté des étoiles ;
Quand le pêcheur rentre au port
Sur les vagues tout s'endort. *(bis.)*

LE CAVALIER
ET L'ÉCHO

Dialogue musical.

Paroles de Léon ESCUDIER.
Musique de J. CRESSONNOIS.

La musique se trouve chez L. ESCUDIER,
éditeur, rue de Choiseul, 21, *Paris.*

Cavalier qui cours sur la plage
   De noir vêtu,
Plus rapide que le nuage,
   Ou donc vas-tu ?

Je cherche les yeux d'une femme
   Miroir d'azur
Dont les feux enflammaient mon âme
   Sous le ciel pur.

En vain à la brise qui passe,
   Echo lointain,
D'un cœur tu demandes la trace
   Soir et matin...

Pour trouver celle que j'adore
   D'un pur amour
J'irais jusqu'où renait l'aurore
   Foyer du jour.

Ne cherche pas ta fiancée
   Sous le ciel bleu,
Car elle a fait la traversée
   Qui mène à Dieu, à Dieu !

LES DEUX HOMMES D'ARMES

DUO

Chanté dans

GENEVIÈVE DE BRABANT

OPÉRA BOUFFE

Paroles de Hector CRÉMIEUX et E. TRÉFEU.

Musique de J. OFFENBACH.

La musique se trouve, chez HEUGEL et Cie.,
éditeur, 2 bis, rue Vivienne.

— Protéger le repos des villes...
— Courir sus aux mauvais garçons,
— Ne parler qu'à des imbéciles...
— En voir de toutes les façons.

— Un peu de calme, après vous charme !

— C'est assez calme, ici, sergent !

(*Ensemble.*)

—Ah ! qu'il est beau (*bis*) d'être homme d'arme (*bis*),
Mais que c'est un sort exigeant !

—Ah ! qu'il est beau (*bis*) d'être homme d'arme (*bis*),
Mais c'est un sort exigeant !

— Ne pas jamais ôter ses cottes...

— C'est bien pénible, en vérité !

— Dormir après de longues trottes...

— Rêver, c'est la félicité !

— Sentir la violette de Parme...

— Vous me comblez, ô mon sergent !

Ah ! qu'il est beau (*bis*), etc.

— Être jour et nuit de service,

— N'en retirer aucun profit,

— Ne vivre que de sacrifice,

— Avoir constamment appétit.

— Vrai ! l'eau de mélisse des Carmes

— Rapporte plus, pour sûr, sergent.

Ah ! qu'il est beau (*bis*), etc.

Les couplets ci-dessus sont extraits de la pièce en vente au prix de 1 fr. 50 chez Calmann-Lévy, éditeur, 3, rue Auber, et 15, boulevard des Italiens, Paris.

LE RETOUR DE LISE

Mélodie

Chantée par **BRUET** à l'Eldorado.

Paroles de VILLEMER et DELORMEL.
Musique de Frédéric BOISSIÈRE.

*La musique se trouve chez J. HIÉLARD,
éditeur, rue Laffitte, 8, Paris.*

Voici Décembre et son cortége;
La terre est pâle comme un lis;
C'est que la coquette a remis
Aujourd'hui sa robe de neige.
L'hiver ramène au coin du feu
Plus d'une maîtresse envolée,
Dont l'aile a peur d'être gelée
Pendant l'absence du ciel bleu !

Mais qu'importe à mon cœur et la neige et la bise,
Pour moi le ciel est plein d'horizons bleus;
Ma lèvre a retrouvé les baisers de ma Lise,
   Et du soleil pour longtemps dans ses yeux *(bis)*.

Le bois redevient solitaire;
Les oiseaux rentrent dans leurs nids,

La bise souffle et le ciel gris
Étend son manteau sur la terre.
Les arbres sont pleins de frissons,
Et dans les branches toutes nues,
Des hirondelles disparues
Le vent remplace les chansons !

 Mais qu'importe, etc.

Chaque été comme une hirondelle,
Ivre du soleil printanier,
Pour s'envoler de mon grenier
Ma blonde Lise ouvre son aile.
Lasse de courir les buissons,
Quand revient l'hiver, la volage,
Elle rapporte dans ma cage
Et son sourire et ses chansons !

 Mais qu'importe, etc.

LA BOUCLE
DE CHEVEUX
Romance.

Chantée par **DUCHESNE** à l'Eldorado.
Paroles de VILLEMER.
Musique de F. BOISSIÈRE.

*La musique se trouve chez J. HIÉLARD,
éditeur, rue Laffitte, 8, Paris.*

Puisque tu dois demain
Mignonne, ouvrir tes ailes,

Pour suivre le chemin
Qu'ont pris les hirondelles ;
Puisque l'hiver fait peur
A ta peau satinée,
  Et que pour une année
Tu fuis avec ton cœur !

Reprends tes souvenirs, je n'en saurais que faire ;
Que me font à présent ces fleurs, ces rubans bleus ?
Mais, laisse-moi du moins, puisque tu pars, ma chère,
Garder de nos amours ces boucles de cheveux !

  Voici ton éventail,
   Ta mule en satin rose,
  Le cadre de corail
  Où ton portrait repose.
  Là, le muguet fané
   De la saison dernière,
   Et le bouquet de lierre
  Qu'un soir tu m'as donné !

    Reprends, etc.

Reprends tous tes serments
En style épistolaire.
Disperse à tous les vents
Mon triste reliquaire,
Car de chaque parfum
  Versé sur ma jeunesse,
  O ma blonde maîtresse,
  Je n'en veux garder qu'un.

    Reprends, etc.

CHEMIN FAISANT

ROMANCE

Paroles d'Élie REMIGNARD.
Musique d'Ernest BOULANGER.

La musique se trouve chez **L. ESCUDIER,**
éditeur, rue de Choiseul, 21, Paris.

Vous connaissez Jeanne ma reine
Que j'aime tant, que j'aime tant,
L'autre soir sa main dans la mienne,
J'en fus épris chemin faisant.
Vous connaissez Jeanne ma reine que j'aime tant

    Je venais de Saint-Anne
    De danser au Pardon,
    Je rencontrai ma Jeanne
    Allant à l'abandon
    Ici cueillant la rose
    Et plus loin le muguet,
    Toute fleur fraîche éclose
    Pour en faire un bouquet.
Ah! vous connaissez, etc.

    Je me rapprochai d'elle
    Et cueillis une fleur,
    Je choisis la plus belle,
    La plus riche en couleur.
    Puis d'une voix craintive,
Le cœur ému, bien bas, bien bas,
    J'offris ma fleur naïve,
    Qu'on ne refusa pas.
Ah! vous connaissez, etc.

    Alors prenant courage,
    Car tous deux nous étions
    Des voisins de village,
    En chantant nous marchions
    Arrivés de la sorte
    Par un trop court chemin,
    Je sentis à sa porte
    Ma main dedans sa main.
Ah! vous connaissez, etc.

LES SOLDATS DE LA LIBERTÉ

Chant républicain.

Paroles de A. B.
Musique de Frédéric TREMEL.

*La musique se trouve chez H. C. de PLOOSEN,
éditeur, 58, Passage Brady.*

Aux bois, sous la feuillée obscure,
Comme des loups ou des bandits,
Jadis, erraient à l'aventure,
Des hommes nus, hâves, maudits.
Secouant le joug des conquêtes,
Ils avaient brisé leurs liens ;
On les traquait comme des bêtes,
On les tuait comme des chiens.

Cette troupe faible, impuissante,
Fuyant un maître redouté,
C'était la *légion naissante*
Des soldats de la liberté !

Plus tard, unissant leurs colères,
Les serfs, les jacques assemblés,
Se ruaient sur les noirs repaires
Des seigneurs surpris et troublés.
Et quand, sur les grands manoirs sombres,
Avait passé le flot brutal,
Il ne restait que des décombres
Rouges du sang seigneurial ;

Ce torrent presque irrésistible,
Qui fut à grand'peine dompté,
C'était la *légion terrible*
Des soldats de la liberté !

Grandis, peuple, noble famille,
Bientôt va changer ton destin,
Et sous les murs de la Bastille,
Tes fils vont se compter enfin.
Ils sont puissants, ils sont en foule,
La terre tremble sous leurs pas ;
Tout le vieil univers s'écroule ;
Les trônes sanglants sont à bas !

Tremblez, tremblez, suppôts du crime,
De l'esclavage détesté ;
Voici la *légion sublime*
Des soldats de la liberté !

Aujourd'hui, sinistre folie !
De noirs revenants du passé,
Voudraient sur la France amoindrie,
Étendre leur linceul glacé !
Eh ! quoi l'ex-empire hypocrite,
Des hobereaux, des potentats
Revendiqueraient le mérite
Des fils de ces vaillants soldats !

Ah ! pour confondre leur audace,
Unis par la fraternité,
Formons la *légion vivace*
Des soldats de la liberté !

Oh ! soyons les fils de nos pères,
Traqués, pendus, écartelés ;
Des héros de nos nobles guerres,
Des martyrs et des exilés.
Ils nous ont légué la victoire ;
Gardons ce triomphe en entier,
Et n'allons pas laisser leur gloire
S'éteindre dans quelque bourbier !

Levons-nous, troupe fraternelle,
Combattons pour l'humanité,
Dans la *légion immortelle*
Des soldats de la liberté !

LES BEAUX JOURS D'AVRIL

Mélodie.

Chantée par Melle DELILLE à l'Eldorado
et par LUDOVIC à Bataclan.

Paroles de L. CAPET et E. CAREL.
Musique de F. BOISSIÈRE.

*La musique se trouve chez J. HIÉLARD,
éditeur, rue Laffitte, 8, Paris.*

Le soleil inonde la plaine
De pâles mais bien doux rayons;
Un frais parfum de marjolaine
Envahit l'air plein de chansons.
La feuille pousse à la ramure;
Les prés tout parsemés de fleurs
Sont de vrais tapis de verdure
Ornés des plus riches couleurs.

Saluons les beaux jours d'Avril
Qui ramènent les hirondelles,

Les chants d'oiseaux, les fleurs nouvelles,
Que l'hiver tenait en exil !
Saluons (ter) les beaux jours d'Avril !

Adieu la froidure et la neige,
Adieu le ciel gris, les autans,
Fuyez bien loin, triste cortége,
Avril ramène le printemps,
Le printemps, la saison bénie,
Qui vient après un long sommeil,
A toute la terre engourdie,
Annoncer un joyeux réveil !

    Saluons, etc.

Avril ouvre grande la porte
A la tiède senteur des bois,
Et le gai rossignol apporte
Ses joyeux refrains d'autrefois.
Entre les deux branches d'un chêne
On voit déjà tresser le nid,
D'où la chaude saison prochaine
Verra s'envoler le petit.

    Saluons, etc.

Avril ta séve printanière
Vient dire à tous les amoureux :
Faites l'école buissonnière,
Aimez-vous et soyez heureux !
C'est pour vous que le gazon pousse,
Qu'au matin s'entr'ouvre la fleur !
Allez piétiner dans la mousse,
Laissez babiller votre cœur.

    Saluons, etc.

L'ANGE DE LA BIENFAISANCE

MÉLODIE

Paroles de A. SALIN.
Musique de F. BOISSIÈRE.

La musique se trouve chez J. HIÉLARD, éditeur, rue Laffitte, 8,

Rayon de la douce harmonie
Dont les accents charment le ciel
Et sur les maux de cette vie
Répandent le baume et le miel !
Qui chassant la douleur amère,
Revêt d'un prisme fortuné
La couche de la pauvre mère
Et la crèche du nouveau-né.

C'est l'ange de la bienfaisance
Qui calme ici-bas les douleurs !
C'est cet ange dont la présence
Cache les larmes sous les fleurs !   (*bis*).

Quand sur le sol de la patrie
L'orage gronde avec fureur,

Que le travail et l'industrie
S'arrêtent glacés de terreur !
Avec ceux que le malheur frappe,
Qui dans cet instant solennel,
Vient dans une touchante agape
Partager le pain fraternel ?

C'est l'ange, etc.

Quand l'hiver au pas homicide
Sur la terre sème le deuil,
Du vieillard, indigent, timide,
Qui, sans témoins franchit le seuil ?
Qui, sans attendre sa prière,
Lui rend la vie et la chaleur.
Et fait, sur son heure dernière
Refléter l'éclair du bonheur ?

C'est l'ange, etc.

Bel ange à chevelure blonde,
Pour nous tu descendis des cieux ;
Bien longtemps encor sur ce monde
Prodigue tes dons précieux ;
Grâce à toi l'abondance brille
Grâce à tes présents, les mortels
Forment une heureuse famille
Dont tous les cœurs sont les autels !

Bel ange de la bienfaisance,
Qui viens pour calmer les douleurs !
Reste avec nous, car ta présence
Cache les larmes sous les fleurs !   (*bis*).

Paris. — LE BAILLY, Libraire-éditeur,
Rue Cardinale, 6, et rue de l'Abbaye, 2 (bis),
(entre les rues de Buci et Bonaparte).
Les chansons contenues dans ce recueil sont la propriété de l'éditeur.
Les contrefaçons seront poursuivies avec toute la rigueur des lois

SI J'AVAIS DES AILES

Souvenir.

Paroles de J. GEORGE.
Musique de Frédéric TRÉMEL.
*La musique se trouve chez H. C. PLOOSEN,
éditeur, 58, Passage Brady.*

Heureux oiseaux, rapides hirondelles,
Hôtes aimés que chassent les hivers,
Que je voudrais vous dérober vos ailes !
Et, comme vous, voltiger dans les airs !

Si je volais, j'irais dans la mitraille,
Guetter, d'en haut, mon fils au champ d'honneur,
Je le suivrais partout dans la bataille,
Et je serais son ange de bonheur.
Le soir venu, contre le froid, la neige,
Là, sur mon cœur, je le réchaufferais ;
En me voyant dans ce pieux manége,
Dieu m'aiderait et je le sauverais.

Heureux oiseaux, etc.

Si je volais, j'irais loin de la France,
Au prisonnier dire ces mots tout bas :
« Je viens à toi, fille de l'espérance,
« Écoute-moi, je ne te trompe pas.
« Prends ces baisers que m'a donnés ta mère,
« Prends cet anneau que j'ai reçu pour toi ;
« Tu reverras bientôt sous ta chaumière,
« L'ange d'amour qui t'a promis sa foi. »

   Heureux oiseaux, etc.

Si je volais, j'irais, bonheur extrême,
M'abattre loin de la folle cité ;
J'irais chercher le pays où l'on aime,
Et comme vous planer en liberté.
Sous la charmille où s'effeuillent les roses,
J'écouterais l'épanchement des cœurs ;
Dans les berceaux je verrais bien des choses,
J'y trouverais la réponse des fleurs.

   Heureux oiseaux, etc.

Si je volais, ô France, ô ma patrie !
J'irais briser et ton joug et tes fers ;
J'écraserais tous ceux qui t'ont meurtrie,
Et donnerais la paix à l'univers.
De tout tyran j'arracherais le glaive,
Toujours levé contre la liberté ;
Tu sortirais, comme d'un mauvais rêve,
Éblouissante et pleine de fierté !

   Heureux oiseaux, etc.

LE PORTRAIT MANQUÉ

Chansonnette.

Paroles de Ed. POTIER.

Musique de F. BOISSIÈRE.

La musique se trouve chez J. HIÉLARD éditeur, rue Lafitte, 8, Paris.

Ah ! le mauvais photographe
Que mon cousin Adrien !
Il signe sa pataraphe
Quoiqu'il ne connaisse rien.
Malgré cela, comme il pose !
Il ne sait que babiller,
Et pour vous vanter la chose,
Il crie à s'égosiller :

> Allons, vite en place,
> Quelque temps qu'il fasse,
> Sans qu'il manque un trait,
> Je fais un portrait } *bis.*

Un dimanche, jour de fête,
Il faisait un temps charmant ;
Des pieds jusques à la tête
J'étrennais un vêtement,
Ma mine était réjouie,
Car j'avais bien déjeuné,
Et pour ma photographie
Je crus l'instant bien donné !

    Je me mis en place
    Sans faire grimace,
    Et dis : Je suis prêt ; *bis.*
    Fais-moi mon portrait !

Un ! deux ! trois ! Adrien frappe
Ajustant son objectif ;
Bien, dit-il, rien ne m'échappe,
Te voilà, c'est positif !
Mais, horreur ! quelle figure
Sur son cliché se traduit !
Je ne suis pas, je l'assure,
Le singe qu'il reproduit.

    L'affreuse grimace !
    Brise cette glace,
    Je suis stupéfait, *bis.*
    Quoi ! ça, mon portrait !

Il me dit, pour toute excuse :
C'est vrai, c'est un animal !
Mais, ce singe qui t'amuse,
Est la cause de ce mal !
C'est le chéri de ma tante,
J'aurais voulu le chasser ;
Un instant de plus d'attente
Aurait pu me déplacer.

    Allons, plus de trace,
    Effaçons la glace,
    Et sois moins distrait, *bis.*
    J'aurai ton portrait !

Je me remets vite en place,
Et sans bouger cette fois,
Me croyant bien sur la glace ;
Devinez ce que je vois :
Ce sont mes habits de fête
Parfaitement reproduits,
Mais du singe c'est la tête ;
Grand Dieu ! quels mauvais produits !

    Enfin je me lasse,
    Je quitte la place
    Et cours, sans répit, *bis.*
    Chez Pierre Petit !

LE DERNIER JOUR
D'UN CONDAMNÉ
ou
COMPLAINTE DU PAUVRE LAPIN.

Paroles de A. SALIN.
Musique de F. BOISSIÈRE.

*La musique se trouve chez J. HIÉLARD,
éditeur, rue Laffitte, 8, Paris.*

Vous qui viendrez d'un pas leste
Assister à mon trépas;
Vous à qui mon sort funeste
Promet un joyeux repas,
Quand vous saurez mon histoire
Vous donnerez, c'est certain,
Une larme à ma mémoire!
 (*Pleurant.*)
Plaignez un pauvre la, la, la,
Plaignez un pauvre pin, pin, pin,
   Plaignez un la,
   Plaignez un pin,
Plaignez un pauvre lapin.

Je suis issu d'une race
Dont on vante les vertus,
Et l'embonpoint et la grâce,
Ornements bien superflus!
Car mon séduisant physique
Hâte mon triste destin!
J'aurais bien dû naître étique.
  Plaignez, etc.

Comme tels de mon espèce,
J'aurais pu me faire un nom,
Soit en battant de la caisse!
Soit en tirant le canon!

Eh bien ! non, pour auréole
Je dois avoir, dès demain,
La broche ou la casserole...
   Plaignez, etc.

Sequestré dans mon enfance
Chez un cruel nourrisseur,
Dès ma tendre adolescence
J'eus dû prévoir sa noirceur !
Pour dissimuler son crime,
Pour mieux cacher son dessein,
Il cajolait sa victime...
   Plaignez, etc.

Il me gorgea de carotte,
De chou, de son, de navet;
Souvent à la vitelotte
Il joignait le serpolet !
Tant de soins, tout le dénote,
Prouvent que cet assassin
Tramait... une gibelotte...
   Plaignez, etc.

Ma robe était des plus belles !
Mon poil, était fin, soyeux !
Eh bien ! les parques cruelles
Feront... ah ! c'est affreux !
De ma patte une époussette,
Et d'un insolent rapin
Ma peau sera la casquette !
   Plaignez, etc.

Pourtant je dois mettre un terme
A de trop justes regrets,
Si dans ma chair blanche et ferme
Vous trouvez quelques attraits;
Oui, j'oublierai mon martyre,
Si du repas vers la fin
En chœur, on vous entend dire :

   (*Avec entrain*)

C'était un fameux la, la, la,
C'était un fameux pin, pin, pin,
   C'était un la,
   C'etait un pin,
C'était un fameux lapin !

N'effeuillez Pas
LES
MARGUERITES

Légende.

Paroles de J. LAZARE.
Musique de F. TRÉMEL.

*La musique se trouve chez H. C. de PLOOSEN,
éditeur, 58, passage Brady, Paris.*

Dans les guérets, dans les sillons,
Rose courait folle et rieuse ;
De fleur en fleur les papillons
Fuyaient sa main capricieuse ;
Une aubépine au port altier,
Tendant au loin ses longues branches,
Abritait le long du sentier
De belles marguerites blanches (*bis*).

Ah ! croyez-moi, quand revient le printemps,
   Dansez, chantez, chères petites ;
Car pour aimer on a toujours le temps,
   N'effeuillez pas les marguerites.

Rose avait un amour au cœur :
Las ! elle aimait la pauvre fille,
Le fils d'un riche et fier seigneur
Qui lui dit qu'elle était gentille.
Aussitôt, saisissant la fleur :
« Dis-moi s'il me sera fidèle ? »
Mais celle-ci, pour son malheur,
« Il t'aime ! » lui répondit-elle.

Ah ! croyez-moi, quand revient, etc.

Six mois après, dans le hameau,
On célébrait un mariage :
Le jeune seigneur du château
Prenait femme de haut lignage.
« Respectons les secrets des fleurs, »
Dit Rose, dont le cœur palpite,
Et de ses yeux coulent des pleurs.....
Elle est folle ! — pauvre petite !

Ah ! croyez-moi, quand revient, etc.

LE RETOUR DANS LA PATRIE

DUO.

Chanté par M.M. **ROSARIO** et **LETER**
Paroles de VILLEMER et DELORMEL.
Musique de Frédéric BOISSIÈRE.
*La musique se trouve chez J. HIÉLARD,
éditeur rue Laffitte, 8, Paris.*

— Frère, là-bas, dans la brume lointaine,
Ne vois-tu pas, sur la cime de l'eau,

Comme un rocher que l'on distingue à peine ?
Ce rocher-là, frère, c'est le hameau !
— En es-tu sûr, tu te trompes peut-être,
Je n'ose pas croire à tant de bonheur !
Non, voici bien l'endroit qui nous vit naître,
Va ! je le sens aux élans de mon cœur !

(*Ensemble, un peu plus animé.*)

Salut, salut, ô rivages de France,
    Rochers bénis
    De mon pays,
Nous oublions toute souffrance,
    Au seul espoir
    De vous revoir !

} *bis.*

— Depuis le jour où nous errons sur l'onde,
Que de dangers nous avons affrontés ;
Nous avons fait deux fois le tour du monde,
Nous avons vu mille lieux enchantés ;
— Mais rien ne vaut pour une âme française
Le ciel breton au soleil radieux ;
Frère, là-bas, vois, c'est notre falaise
Que la mer bat de ses flots écumeux !

    Salut, etc.

— Nous allons donc embrasser notre mère,
Tous nos parents, tous nos anciens amis,
La grande sœur et le tout petit frère.
Ah ! comme ils vont nous retrouver grandis !
— Voilà cinq ans que de notre village
Nous n'avons pris, mon frère, le chemin.
Notre vaisseau va toucher le rivage,
Sens-tu ma main qui tremble dans ta main ?

    Salut, etc.

L'INVITATION
A LA PROMENADE
CHANSON DE PRINTEMPS.

Chantée par Melle **LATOUCHE** à l'Alcazar d'Été

Paroles de MALY et DELORMEL.
Musique de F. BOISSIÈRE.

*La musique se trouve chez J. HIÉLARD
éditeur, rue Laffitte 8, Paris.*

Viens avec moi, ma bien-aimée,
Parcourir la plaine embaumée,
A travers les bois renaissants.
Tu peux mettre une robe blanche;
Le soleil radieux épanche
A grands flots ses rayons puissants.

(*Mouvement de Valse.*)

Chère, c'est dimanche,
Mets ta robe blanche,
Tes plus légers atours;
De fleurs orne ta tête;
Et pendant les beaux jours,
Dans la nature en fête,
Allons promener nos amours } *bis.*

Viens, nous irons à l'aventure,
Cherchant dans la pleine verdure
Les secrets des bosquets touffus;
Pour découvrir la note exquise
Que jette au souffle de la brise
Des nids le murmure confus.
Chère, c'est, etc.

Viens, dans leur retraite secrète
Nous irons trouver la violette,
La fraise au parfum ingénu :
Nous ferons un bouquet ensemble,
Au bord de la source qui tremble
Et s'irise sous ton pied nu.
   Chère, c'est, etc.

Puis nous prendrons l'allée ombreuse
Qui va droit, calme et spacieuse,
Pour ne pas nous perdre en chemin;
Et nous reviendrons sans rien dire,
Voyant la lune nous sourire,
A pas lents, la main dans la main.
   Chère, c'est, etc.

L'ÉCOLE BUISSONNIÈRE

DUO

chanté par Mmes **LAFOURCADE** et **PERSON**
à l'Alcazar d'été.

Paroles de VILLEMER et DELORMEL.
Musique de F. BOISSIÈRE.

*La musique se trouve chez J. HIÉLARD
éditeur, rue Laffitte, 8, Paris.*

— Ah ! qué guignon ! la classe était fermée,
Je te l'ai dit, tu flânais en chemin ;
Nous manquerons l'heure de la rentrée,
Et nous serons tous deux punis demain.
  — Bah ! mon pauvre Éloi, qu'y faire ?
Faut-il donc pleurer ainsi ?
Du maître et de sa colère,
Du moins rions aujourd'hui

(*Ensemble.*)
Ah ! ah ! ah ! ah ! ah ! ah ! ah ! ah !
Ah ! ah ! ah ! ah ! ah ! ah ! ah ! ah !
Ma foi, tant pis, au diable la grammaire,
Faisons gaîment l'école buissonnière.
  En place de lire,
  En place d'écrire,
  Nous dénicherons
  Des nids de pinsons,
  Courant hors d'haleine,
  Joyeux papillons,
  Puis nous grimperons
  Partout dans la plaine.
Ah ! ah ! ah ! ah ! ah ! ah ! ah ! ah !
Ah ! ah ! ah ! ah ! ah ! ah ! ah ! ah !
  Faisons gaîment,
Faisons gaîment l'école buissonnière !

— Ah ! quel bonheur de courir la campagne,
De s'en aller le vent dans les cheveux,
Quand la gaîté partout vous accompagne,
Et que l'on a du soleil dans les yeux.
 — Comme le temps est superbe,
 L'air est rempli de senteurs ;
 Allons nous rouler sur l'herbe
 Et cueillir toutes les fleurs.

 Ah ! ah ! etc.

— Dans les buissons nous mangerons des mûres,
Nous cueillerons les noisettes des bois.
Nous chercherons des nids dans les ramures,
Et nous serons plus heureux que des rois.
 — Bravons pensum et pénitence,
 Allons courir au grand soleil,
 Du maître narguons la sentence,
 Assez tôt viendra le réveil.

 Ah ! ah ! etc.

Paris.—LE BAILLY, Libraire-éditeur,
Rue Cardinale, 6, et rue de l'Abbaye, 2 (bis),
(entre les rues de Buci et Bonaparte).
Les chansons contenues dans ce recueil sont la propriété de l'éditeur.
Les contrefaçons seront poursuivies avec toute la rigueur des lois

LE BON GITE

Crée par Mlle **AMIATI**, à l'Eldorado.

Poésie de Paul DEROULÈDE.
Musique de Luigi BORDÈSE.

La musique se trouve chez BATHLOT,
éditeur, rue de l'Échiquier, 39.

Bonne vieille, que fais-tu là ?
Il fait assez chaud sans cela,
Tu peux laisser tomber la flamme.
Ménage ton bois, pauvre femme,
Je suis séché, je n'ai plus froid.
Mais elle, qui ne veut m'entendre.
Met un fagot, range la cendre : *(bis)*
« Chauffe-toi, soldat, chauffe-toi. » *(bis)*.

Bonne vieille, je n'ai pas faim,
Garde ton jambon et ton vin,
J'ai mangé la soupe à l'étape !
Veux-tu bien m'ôter cette nappe

C'est trop bon et trop beau pour moi.
Mais elle, qui n'en veut rien faire,
Taille mon pain, remplit mon verre. (*bis*).
« Refais-toi, soldat, refais-toi. » (*bis*).

Bonne vieille, pour qui ces draps?
Par ma foi, tu n'y penses pas !
Et ton étable? et cette paille
Où l'on fait son lit à sa taille?
Je dormirai là comme un roi.
Mais elle, qui n'en veut démordre,
Place les draps, met tout en ordre. (*bis*).
« Couche-toi, soldat, couche-toi. » (*bis*).

— Le jour vient, le départ aussi. —
Allons, adieu... Mais qu'est ceci?
Mon sac est plus lourd que la veille...
Ah! bonne hôtesse, ah! chère vieille
Pourquoi tant me gâter, pourquoi?
Et la bonne vieille de dire
Moitié larme, moitié sourire : (*bis*).
« J'ai mon gars soldat comme toi! » (*bis*).

Les couplets ci-dessus sont extraits des *Nouveaux chants du soldat*, en vente au prix de 1 fr., chez Calmann-Lévy, éditeur, 3, rue Auber, et 15, boulevard des Italiens.

LA PREMIÈRE HIRONDELLE

Mélodie.

Chantée par **ROSARIO** à l'Alcazar d'été.

Paroles de DELORMEL et MALY.
Musique de F. BOISSIÈRE.

*La musique se trouve chez J. HIÉLARD,
éditeur, 8, rue Laffitte.*

O ma Suzanne, tu me dis
Que le printemps tarde à paraître,
Dans les jardins du paradis,
Oubliant la terre peut-être.
Mais non, viens, car l'air est plus doux,
Viens jusqu'au bord de la terrase
Vois-tu tout au loin devant nous
Ce point noir perdu dans l'espace.

Là-bas, sur l'horizon c'est elle
La première hirondelle, c'est elle!
Apportant sur son aile
L'amour et la saison nouvelle
C'est elle! c'est elle,
C'est la première hirondelle.

Elle vient, gentil messager
De la vieille mère Nature
Dire que l'arbre va charger
Ses branches noires de verdure
Afin que les oiseaux charmants
Cachés sous les voûtes ombreuses
Bercent de concerts éclatants
Les jeunes amours radieuses.

   Là-bas, sur etc.

Elle reprend dans le vieux mur
Sous la fenêtre où tu reposes,
Le nid laissé, l'asile sûr
Qu'elle a bâti parmi les roses,
Elle sait que tu veilleras
Sur sa retraite maternelle,
En te voyant, chère à mon bras...
On est bonne quand on est belle!

   Là-bas, sur etc.

Tu me disais : t'en souvient-il?
Cessera ta peine cruelle,
Lorsque reviendront de l'exil
Et le printemps et l'hirondelle
Car alors j'aurai dix-huit ans,
Nous unirons notre tendresse,
Par l'hirondelle et le printemps,
O Suzanne, tiens ta promesse!

   Là-bas, sur etc.

LA DERNIÈRE HIRONDELLE

Mélodie.

Chantée par Mlle **DELILLE**, à l'Eldorado,

Paroles de E. HUBERT.

Musique de FRANÇOIS BOISSIÈRE.

*La musique se trouve chez J. HIÉLARD,
éditeur, 8, rue Laffitte.*

Le froid soleil d'automne
Pâlit les arbrisseaux,
Et la brume grisonne
Au revers des coteaux;
Une seule hirondelle
Regrettant nos climats
Charme encore la tourelle
De ses derniers ébats.

Adieu, pauvre hirondelle,
Va, fuis à tire d'aile
L'hiver et ses frimas,
Tu t'en vas la dernière,
Au printemps la première
C'est toi qui reviendras. (*bis*).

En buvant la rosée
Tu souriais aux fleurs.
Leur corolle irisée
Disait : nous sommes sœurs !
Aujourd'hui sur sa tige
Se penchant tristement,
La fleur est sans prestige,
Et toi sans mouvement.
Adieu, pauvre etc.

De ton vol si rapide
Tu charmais les beaux jours,
Rasant l'onde limpide
Ou planant sur nos tours ;
Et maintenant plaintive,
Songeant aux jours passés,
Tu voles fugitive
Loin des nids délaissés !
Adieu, pauvre etc.

DITES-LUI
QU'ON L'A
REMARQUÉ

Déclaration chantée par Mlle **SCHNEIDER**,
au théâtre des Variétés

dans la

GRANDE DUCHESSE
DE
GÉROLSTEIN

Opéra Bouffe

Paroles de Henri MEILHAC et Ludovic HALÉVY.
Musique de J. OFFENBACH.

*La musique se trouve chez BRANDUS et Cie,
éditeurs, 105, rue de Richelieu.*

Voici ce qu'a dit mon amie :
« Quand vous le verrez,
Je vous prie,

Dites-lui ce que vous savez.

Dites-lui qu'on l'a remarqué,
  Distingué ;
Dites-lui qu'on le trouve aimable ;
Dites-lui que s'il le voulait,
  On ne sait
De quoi l'on ne serait capable !

Ah ! s'il lui plaisait d'ajouter
Des fleurs aux palmes de la gloire,
Qu'il pourrait vite remporter
Ce vainqueur, une autre victoire.
Ah ! dites-lui qu'à peine entrevu,
  Il m'a plu !
Dites-lui que j'en perds la tête,
Dites-lui qu'il m'occupe tant,
  Le brigand !
Tant et tant que j'en deviens bête !

Hélas ! ce fut instantané !
Dès qu'il a paru, tout mon être,
A lui tout mon cœur s'est donné,
J'ai senti que j'avais un maître !
Ah ! Dites-lui que s'il ne veut pas
  Mon trépas,
Dites-lui (je parle pour elle),
Dites-lui qu'il répondra : Oui !
  Dites-lui
Que je l'aime et que je suis belle !

Les couplets ci-dessus sont extraits de la *Grande duchess de Gérolstein*, en vente au prix de 2 fr., chez Calmann-Lévy, éditeur, **3, rue Auber, et 15, boulevard des Italiens.**

L'EMBARRAS DU CHOIX

Chansonnette.

Paroles de E. HUBERT.
Musique de F. BOISSIÈRE.

*La musique se trouve chez J. HIÉLARD,
éditeurs, rue Laffitte, 8, Paris.*

Chacun aime assez dans la vie
Choisir ce qui lui fait envie,
Il est cependant bien des cas
Ou choisir est un embarras,
Et Salomon par sa sentence
A prouvé jusqu'à l'évidence

Qu'il est très-gênant quelquefois
D'avoir l'embarras du choix,

L'an dernier, traversant la Chine,
Je veux goûter à la cuisine,
Pour me régaler, quel plaisir !
Mon hôte me donne à choisir :
Ou la soupe aux nids d'hirondelles
Ou le pâté de sauterelles !
    Il est très-gênant. etc.

Un créancier frappe à ma porte ;
J'ouvre... que la peste l'emporte !
Je voudrais, dit-il, mon argent,
Mais je ne suis pas exigeant ;
Et si par hasard l'or vous manque,
Vous payerez en billets de banque !

Il est très-gênant, etc.

Pour certain vote d'importance
Deux candidats sont en présence :
L'un est un homme des plus forts
Qui me plaît sous tous les rapports ;
Mais l'autre me donne d'avance
Des preuves de reconnaissance !

Il est très-gênant, etc.

Par une nuit sombre, un brave homme,
Porteur d'une assez forte somme,
Est accosté par un bandit
Qui pistolet au poing lui dit :
Halte-là ! selon votre envie
Donnez-moi la bourse ou la vie !

Il est très-gênant, etc.

Un grand amateur de voyages
Tombe chez des anthropophages,
Qui trouvent que son embonpoint
Pour la cuisson est juste à point.
Pourtant avant qu'on le désosse,
On lui laisse choisir la sauce !...

Il est très-gênant, etc.

CHANSON DU MOIS DE MAI

Paroles de Gustave CHOUQUET.
Musique de E. DURAND.

*La musique se trouve chez L. ESCUDIER,
éditeur, rue de Choiseul, 24.*

Les bois reprennent leur parure,
Les bois appellent les amants.
Mai se couronne de verdure
Et nous promet des jours charmants
Dans les sentiers, les fleurs nouvelles
A nos yeux offrent leurs bouquets,
Le printemps fait sa cour aux belles
Avec des roses, des bluets
    Oui, des bluets.

Le mois de mai dans la campagne,
Murmure aux filles, aux garçons :
Que le bonheur vous accompagne
Et vous inspire des chansons !
Redites-moi les plus joyeuses ;
La joie est sœur du gai printemps
Et j'aime un chœur de voix rieuses
Sur un refrain du bon vieux temps,
    Du bon vieux temps.

Doux mois de mai, mois de jeunesse,
A toi salut, mois de beauté !
Trop tôt viendra notre vieillesse,
Trop tôt fuira notre gaîté !
Remplissons donc, de notre vie,
Toutes les nuits et tous les jours !
Sachons cueillir, l'âme ravie,
Les jeunes fleurs et les amours !
    Oui les amours !

LA CHANSON D'YVONNE

Paroles du comte Eugène de LONLAY.
Musique de LONGPÉRIER-GRIMOARD.
*La musique se trouve chez L. ESCUDIER,
éditeur, rue de Choiseul, 21, Paris.*

O mon Yvonne, sois douce et bonne,
Pour que toujours, pour que toujours,
Le Ciel te donne cœur qui rayonne
Et joyeux jours, et joyeux jours!

Ma chère enfant, ma frêle fille,
Qui sait si bien presser ma main,
Comme un rayon naissant qui brille,
Le sort te met sur mon chemin.

O mon Yvonne, sois douce et bonne,
Pour que toujours, pour que toujours,
Le ciel te donne cœur qui rayonne
Et joyeux jours, et joyeux jours!

L'ange que Dieu met sur la terre
Près des jolis petits enfants,
Prend souvent l'aspect de leur mère,
Dont les regards sont triomphants.

O mon Yvonne, sois douce et bonne,
Pour que toujours, pour que toujours,
Le ciel te donne cœur qui rayonne
Et joyeux jours, et joyeux jours!

Aime ta mère avec ivresse,
Et le bonheur te sourira;
Réjouis-la de ta tendresse,
Et le bon Dieu te bénira.

O mon Yvonne, sois douce et bonne,
Pour que toujours, pour que toujours,
Le ciel te donne cœur qui rayonne
Et joyeux jours, et joyeux jours!

Paris.—LEBAILLY, Libraire-éditeur,
Rue Cardinale, 6, et rue de l'Abbaye, 2 (bis),
(entre les rues de Buci et Bonaparte).
Les chansons contenues dans ce recueil sont la propriété de l'éditeur
Les contrefaçons seront poursuivies avec toute les rigueurs des lois.

VAILLANTS GUERRIERS

COUPLETS
DU GUERRIER VALENTIN

Chantés dans

LE PETIT FAUST

OPÉRA BOUFFE

Paroles de H. CRÉMIEUX et Ad. JAIME.
Musique d'HERVÉ

*La musique se trouve, chez HEUGEL et Cie.,
éditeur, 2 bis, rue Vivienne.*

(*Chœur des soldats.*)

Vaillants guerriers, sur la terre étrangère,
    Combattre est un plaisir,
Les ennemis y mordront la poussière
    Et ça les f'ra mourir

(*Pour finir Valentin frappe du pied en disant en mesure : un'! deux!*)

    Quand un militaire
    Il part pour la guerre,
    Il embrasse son père.

    — Et s'il n'a pas de père?

    Il embrasse sa mère.

    — Et s'il n'a pas de mère?

Il embrasse son frère.
— Et s'il n'a pas de frère ?
(*Parlé.*) Ah ! dam !
Et s'il n'a pas de frère...
Il se contente alors d'embrasser sa carrière.
(*Chœur.*)
Contentons nous d'embrasser notr' carrière,
(*Parlé.*) C'est très-bien !
En avant,
Rantanplan,
Le joyeux régiment !
Vaillants guerriers, etc.

Quand la paix s'assure,
Dépo...osant l'armure,
Il pense à sa masur'.
— S'il n'a pas de masure ?
Il pense à la verdur'.
— S'il n'a pas de verdure ?
Il pense à sa futur'.
— S'il n'a pas de future ?

(*Parlé.*) Allons voyons qu'est-ce qui n'a pas une petite payse !
S'il n'a pas de future,
Il se contente alors de panser sa blessure.
(*Chœur.*)
Contentons nous de panser notr' blessure,
(*Parlé.*) C'est très-bien !
En avant,
Rantanplan,
Le joyeux régiment !

(*Parlé*). Messieurs ! que vous oubliez que vous êtes à cheval.

Vaillants guerriers, etc.

Les couplets ci-dessus sont extraits de la pièces en vente chez Calmann-Lévy, éditeur, 3, rue Auber, et 15, boulevard des Italiens, Paris.

ROSE
POURQUOI PARTIR

MÉLODIE

Chantée par **BONNEHÉE**.

Paroles de Éd. HÉRISSON.
Musique de F. BOISSIÈRE.

*La musique se trouve chez HIÉLARD, éditeur,
rue Laffitte, 8, Paris.*

Pourquoi partir, quitter ce frais ombrage
Où près de moi, tu venais reposer,
Où, chaque soir, caché par le feuillage,
Sur ton beau front je cueillais un baiser?
Dis-moi pourquoi fuir cet instant suprême,
Lorsque mon cœur te parlait d'avenir,
Que tes beaux yeux me répondaient : je t'aime!
Rose, dis-moi, pourquoi veux-tu partir, *(bis.)*

Ne crains-tu pas de briser cette chaîne
Qui m'unissait à ton cœur pour toujours?
Ne crains-tu pas que le flot qui t'entraine
Te fasse, hélas! oublier nos amours?.
Rose, j'ai peur, je vis sans espérance,
Si loin de toi, j'aimerais mieux mourir ;
Ah! reste encore, pour calmer ma souffrance,
Rose, dis-moi, pourquoi veux-tu partir, *(bis.*

Tu sais pourtant que toi seule est ma vie,
Que ton amour est mon rêve d'espoir,
Que le bonheur de mon âme ravie,
C'est le sourire et le baiser du soir !
Rose, je pleure, écoute ma prière
Reste toujours ! ou je mourrai martyr !
Dans ton regard je viens de lire : espère !
Rose, dis-moi, tu ne veux plus partir,   (*bis.*)

LE NUAGE ROSE

Mélodie

Paroles de A. LEFRANC.
Musique de F. BOISSIÈRE.

*La musique se trouve chez J. HIÉLARD,
éditeur, rue Laffitte, 8, Paris.*

(*La jeune fille.*)
Joli petit nuage rose,
    Rose à ravir,
Ton reflet sur un front morose,
    Vient l'éclaircir.
Ta rosée au soir désaltère
    Nos liserons,
Et tu sembles nous dire espère,
    Quand nous pleurons !
Les souffrants aux douleurs sans trêves,
    Les cœurs blessés
Retrouvent encore de doux rêves,
    Par toi bercés !

Qui donc es-tu qui dans l'espace,
    Parais un jour,
Mais qui presqu'aussitôt s'efface
    Et sans retour ?

En vain à te suivre on se lasse,
  Ingrat charmeur,
Faut-il dire en perdant ta trace :
  C'est le bonheur?
D'où te vient ta chaude nuance,
  Grenat, rubis,
Vois-tu quelque chose à distance,
  Dont tu rougis?

Es-tu la vapeur répandue
  Par un volcan,
L'écharpe qu'un sylphe a perdue
  Dans l'ouragan?
Enfin bon ou mauvais présage,
  Espoir ou deuil,
Signales-tu sur ton passage,
  Le port, l'écueil,
Car selon l'esprit qui te pousse
  Aux bords prochains,
Je t'aime voilier fait de mousse,
  Ou je te crains !

  (*Le nuage.*)

— Ne crains rien, je suis le mirage
  Des jours meilleurs,
Et la vague ou flotte l'image
  D'anciens bonheurs !
Messager des saintes demeures,
  J'aime à venir
T'apporter de cœurs que tu pleures,
  Un souvenir,
Te dire qu'aux champs de lumières
  Et de la foi,
Le tendre objet de leurs prières,
  C'est toujours toi !

LA CHANSON
DE MARIE

Poésie de BRIZEUX.
Musique de MARMONTEL.

La musique se trouve chez L. **ESCUDIER**,
éditeur, rue de Choiseul, 21, **Paris.**

Hélas je sais un chant d'amour,
   Triste et gai tour à tour
Cette chanson douce à l'oreille,
   Pour le cœur n'a point de pareille.
J'avais douze ans, lorsques en Bretagne
   Je l'entendis sur la montagne;
Je l'entonnai sur la montagne.
   Hélas je sais un chant d'amour,
Triste et gai tour à tour.

Toujours le beau nom de Marie
   Se mêle au nom de ma patrie.
Avec un air, une parole,
   Ainsi l'exilé se console; *(bis.)*
Hélas je sais, (etc.)

Ce chant qui de mon cœur s'élève,
D'ou vient *(bis)* qu'en pleurant je l'achève !
Bien heureux les pâtres mes frères,
   Et les oiseaux de nos bruyères,   *(bis.)*
Hélas je sais (etc.)

L'HYMNE DE LA VENGEANCE

CHANT PATRIOTIQUE

Poésie de EMMERICK de GANDILLAC.
Musique de F. TRÉMEL.

*La musique se trouve chez H. C. de PLOOSEN,
éditeur, 58, Passage Brady. Paris.*

Eveillez-vous dans vos tombes sanglantes,
Guerriers tombés sous le fer ennemi;
Eveillez-vous, soldats, races vaillantes,
Le souvenir dans nôtre âme à frémi,
De votre sang, des larmes de vos mères
Nous avons vu nos sillons arrosés
Des fruits de mort, des récoltes amères.
Naîtront bientôt des champs fertilisés.

Frères sacrés d'Alsace et de Lorraine
Qu'un fier espoir renaisse dans vos cœurs;
Bientôt nos mains briseront votre chaîne,
Frères, debout ! nous sommes les vengeurs !

Vos noirs vautours, Moselle, tes rivages
Ont vu passer les bataillons affreux ;
France, c'est là que des peuples sauvages
Se sont repus de ton sang généreux !
Mais qu'un long cri de vengeance et de haine
Fasse pâlir et trembler les vainqueurs
N'oubliez pas que la mesure est pleine ;
Que nos cités sont encore vos sœurs.

 Frères sacrés, etc.

Ont-ils pensé, ces esclaves Barbares,
Que leurs tyrans avaient des droits sur vous ?
Espèrent-ils que leurs fureurs bizarres
Pourront longtemps vous mettre à leurs genoux
Ont-ils pensé que la Liberté sainte
Puisse oublier ses fils infortunés...
Ses fils meurtris sous leur brutale étreinte,
La France veille, et les vengeurs sont nés...

 Frères sacrés, etc.

Autour de vous ils ont fait les ténèbres ;
Sur votre jour ils ont soufflé la nuit ;
Pour vous traîner a leurs banquets funèbres
Ils ont parlé d'avenir et d'oubli...
Ils ont promis : leurs promesses sont vaines...
Le sol est rouge où leur rage a passé !
Changeront-ils votre sang dans vos veines ?
Ponrront-ils faire oublier le passé ?

 Frères sacrés, etc.

LE PLUS BEAU D' LA FÊTE

Chansonnette comique.

Paroles de E. DANTEUIL.

Musique de Georges PITER.

*La musique se trouve chez J. HIÉLARD
éditeur, rue Lafitte, 8, Paris.*

J'vous l'dis, j'l'avais mis dans ma tête
Et pour ça j'me suis obstiné,
Que je scrais l'jour de la fête
Le plus faquin, l'mieux bichonné.
Dam' tout ça fait de la dépense
J'ai déja plus d'cinquant' sous d'frais
Mais, dans le lux' un' fois qu'on s'lance
Il n'faut pas y r'garder, d'si près.
C'est un fait que, pour plaire aux filles,
Le principal est de briller,
Et tout à l'heur' les plus gentilles
Auprès d'moi vont v'nir tournailler.

De vos peines n'soyez pas chiche
Que j'dis au perruquier c'matin
J'veux être frisé pir' qu'un caniche
Et qu'ma peau soit comm' du satin,
N'épargnez pas le cosmétique
Et, pour êtr' sûr que rien n'manqu'ra,
Mettez d'tout c'qu'est dans vot' boutique
Allez, marcher, on vous payera,

La d'ssus, ma foi, d'huile et d'pommade
Il m'a tant mis qu' sauf vot' respect,
Dans mes ch'veux c'est un' marmelade
Qui m'gên'ra tant qu'ça n's'ra pas sec.

Pour m'arranger comm' je l'demande
Il m'fourre encore un' mass' d'odeurs ;
De l'eau d'cologn' de la lavande
Mêm' du vinaig' des quat' voleurs
Les voyant m'fair' des gentillesses
Pour me flairer à leur loisir,
On ne n'dira pas que les jeunesses
Aujourd'hui ne peuv' pas m' sentir.
Si je r'niffl' c'est pas que j'm'enrhume
Ni même un tic, non, Dieu merci
Mais c'est qu'pour un' fois qu'je m'parfume
J'suis bien ais' d'en goûter aussi.

D'aprés les mod' les plus nouvelles
Je s'rai vêtu du haut en bas
C'qui m'fait bisquer ces q'mes bretelles
Qui sont tout' neuv' ne s'verront pas
Sur le moindre objet loin qu'je r'chigne
Je n'me suis rien du tout r'fusé
Et c vrai faux col qui m'égratigne
Est, j'espère, assez empesé
J'entends dir' que dans la toilette
C'qu'il faut aussi c'est du cachet
J'voudrais savoir ou ça s'achète
Et si l' marchand en a d'tout prêt.

A m'voir des gants on n's'attend guère
Et comme, c'est assez curieux
C'était l'mêm' prix p'tit' ou grand' paire
J'ai pris les plus avantageux :
Aussi dedans, j'entre sans gêne
C'est étoffé comme on peut l'voir
Et j'n'ai pas l'air pour mon étrenne
D'avoir pleuré pour les avoir.
L'gros Vincent qu'est très-malhonnête,
Prétend, histoire de m'vexer,

Qu'pour avoir aux mains d'la peau d'bête
Je n'avais rien à dépenser.

Au bal j'arrive et comm' j'embaume
Chacun' passe et r'pass' devant moi
S'disant bien sûr : quel beau jeune homme
Et d'fait ell' n'ont pas tort ma foi
Après des blond's c'est une rousse
Qui vient à son tour m'admirer
On dirai qu'son p'tit nez se r'trousse
Tout exprès pour mieux me flairer ;
Pendant qu'ell' s' régal' de ma vue
D'les r'marquer j'n'ai seul'ment pas l'air,
Ça n'est pas mal, quand on a ma t'nue
D'ailleurs de paraîtr' un peu fier.

Il m'sembl' entendr' leur p'tit cœur battre,
D'être à mon bras c'est un désir!
Aussi chacun' va s'mettre en quatre,
Vous l'verrez pour se fair' choisir.
Ça s'ra bein un' aut' pair' de manches
Et qu'on m'trouv'ra donc d'agréments
Quand j'vas changer de bell' p'tit' piec' blanches
En offrant des rafraichissements;
A caus' de moi blondes brunettes
Ne tard'ront pas à s'chamailler,
C'est c'qu'arrive avec les poulettes
A not' coq dans son poulailler.

Mais v'là t'il pas qu'aucune n'ose
S'frotter à moi tant j'suis faraud,
Ma t'nu' c'est sûr, leur en impose,
Enfin j'ai l'air trop comme il faut.
Je n'm'amus' guère et le temps passe,
Si c'est bon ton d'êtr' freluquet.
Ça n'suffit pas et vrai, je m'lasse
D' rester là droit comme un piquet.
J' leur lance un sourire agréable
Si ces p'tit' niais' n' s'aperçoiv' pas
Quoi qu'distingué que j'suis aimable,
Tant pis pour ell' ma foi, j'm'en vas!

AMOUR CONSTANT

BALLADE

Par G. DUPREZ.

*La musique se trouve chez L. ESCUDIER
éditeur, rue de Choiseul 21, Paris.*

Je viens de loin belle inhumaine,
De ces pays où naît le jour ;
Mon seul amour vers vous m'amène,
Amour constant (*bis*) sans espoir de retour,
Hélas je sais, je sais le dédain et la haine
Qui m'attendent en ce séjour,
Amour vers vous pourtant m'amène,
Amour constant (*bis*) sans espoir de retour.
Bien beaux étaient les rêves de mon âme,
Alors qu'au loin songeant à vous,
Je vous voyais payer ma flamme
D'un sourire ou d'un regard doux ;
Certes j'aurais donné ma vie
Pour ce regard de vos beaux yeux ;
Mon sort alors eut fait envie,
Eut fait envie aux anges qui peuplent les cieux.
Mais non je sais, je sais le dédain et la haine
Qui m'attendent en ce séjour ;
Amour vers vous pourtant m'amène,
Amour constant (*bis*) sans espoir de retour.

Paris.—LE BAILLY, Libraire-éditeur,
Rue Cardinale, 6, et rue de l'Abbaye, 2 (bis),
(entre les rues de Buci et Bonaparte).
Les chansons contenues dans ce recueil sont la propriété de l'éditeur.
Les contrefaçons seront poursuivies avec toute la rigueur des lois

VICTIME DE L'ABSINTHE

Romance dramatique.

Paroles et musique de Frédéric TREMEL.

La musique se trouve chez H. C. de PLOOSEN, éditeur 58, passage Brady, Paris.

Enfants, voyez cet homme à la figure blême,
Comme sa lèvre est pâle et ses yeux abattus!
Pour vivre quelques jours, dans un effort suprême
Il cherche à ranimer des forces qu'il n'a plus.
Auprès de lui gémit sa mère consternée,
Qui lui prodigue en vain tous les secours de l'art
Mais il n'est plus d'espoir, sa vie est condamnée,
Et les soins maternels lui sont donnés trop tard.

Il est mort à vingt ans sans jeter une plainte,
Mort sans avoir connu le bonheur ici bas;
Sur sa tombe est écrit ; VICTIME DE L'ABSINTHE!
Enfants qui m'écoutez, oh! ne l'imitez pas!

Il eût pu, comme un autre, être heureux dans la vie
Et s'assurer un jour le pain du lendemain ;
Mais ses vils compagnons de débauche et d'orgie,
Lui firent, par malheur, quitter le droit chemin.
Dans les plaisirs impurs il poursuivait l'ivresse,
L'ivresse qui lui prit et son âme et son cœur ;
Et qui fit un vieillard de vingt ans de jeunesse,
Alors qu'il était fait pour goûter au bonheur.
   Il est mort, etc.

Un jour, se souvenant qu'il avait une mère,
Il revint chancelant et triste à la maison ;
Il voulut travailler, mais la liqueur amère
Avait brisé son corps et détruit sa raison.
Il traîna quelque temps cette horrible existence,
Comme un être inutile, à chaque instant maudit,
Et qui laisse après lui les siens sans assistance,
Puis de ce monde, enfin, sans regrets il partit
   Il est mort, etc.

JE VEUX ME MARIER

Chansonnette.

Créée par Mlle DUBRÉE à la Scala.
Chantée par Mlle Jeanne MAY à l'Alcazar.

Paroles de Albert GASTON.
Musique de A. de la GRAVELIÈRE.

*La musique se trouve chez J. HIÉLARD, éditeur
rue Lafitte, 8. Paris.*

Au villag' souvent on répète
Que l'amour est un dieu malin
Et l'on dit qu'il faut qu'un' fillette
D'lui s'méfie soir et matin,

Mais j'vais avoir bientôt seize ans
Et l'on dit que je suis gentille
D'aimer je crois qu'il est bien temps
Je n'suis plus un' petite fille,

Parlé. Il faudrait peut-être pour aimer, attendre d'avoir 40 ans? Oh bien non alors! Je ne veux pas coiffer sainte Catherine, moi! Je veux un petit mari et tout de suite encore! mais où le prendre?

Messieurs je veux me marier
    Qui veut m'aimer?
    Qui veut m'aimer?

J'apport'rai l' jour du mariage
Tout c'qu'on peut vraiment exiger
Je suis douc' caressante et sage,
Mon mari pourra vit' juger.
Pour lui, j'en fais ici l'serment
J'aurai tous les soins désirables,
Je l'dorlott'rai bien tendrement
Il s'ra dign' des *époux vantables.*

Parlé. Oh oui je le dorlotterai! je le mettrai dans du coton. Je lui repriserai ses chaussettes, Je lui mettrai des boutons à ses chemises. Je lui ferai des laits-de-poule et de la confiture de ménage, que sais je? voyons cela vous engage-t-il un peu?

Messieurs, etc.

Je ne suis bavard' ni méchante,
La gaîté voilà mon refrain,

J'suis modeste, un rien me contente
Et j'ai l'cœur toujours sur la main.
Je dois vous dir', sans me vanter,
Qu'à la maison je sais tout faire ;
Laver, bien coudre et repasser,
Trop heureus' si ça peut vous plaire.

Parlé. Et c'est pas tout là ! Je sais aussi frotter, filer, traire les vaches, faire du fromage, conduire les ânes, plumer les dindons... Si vous me voyez quand je retrousse mes manches jusque-là... Ah ! ah ! c'est solide ces bras-là, je ne suis pas fainéante allez ! et si mon mari est comme moi, eh bien ! Jarni Dieu ! il se fera rudement de la besogne à la maison !

Messieurs, etc.

C'lui de vous qui m'prendra pour femme
F'ra tout d'même une affaire d'or,
Car d'vertus, bien haut je l'proclame
J'crois que j'suis un petit trésor.
Voyez ma taille, mes cheveux,
Mon pied et mon regard qui brille,
Tout ça vous rend-il amoureux ?
Répondez-moi... suis-je gentille ?

Parlé. Il faut vous dire aussi que j'ai mes trente deux dents, que je suis vaccinée et que j'ai bon appétit ; si j'ai les joues roses c'est pas de la peinture, allez ! Et quand à mes cheveux c'est bien à moi : je couche avec !

Messieurs, etc.

LE RAPPEL DE L'AMOUR

Mélodie.

Chanté par Mlle DELILLE à l'Eldorado
et par Mlle LATOUCHE à l'Alcazar d'été.

Paroles de PÉRICAUD et DELORMEL.
Musique de F. BOISSIÈRE.

La musique se trouve chez J. HIÉLARD,
éditeur, rue Laffitte, 8, Paris.

Il est tout couronné de roses
Et d'aubépine du printemps;
Il prend d'harmonieuse poses,
Il est blond, il n'a pas vingt ans.
Tout le monde veut le connaître
Du cœur ce tambour éternel;

Jeune fille, ouvre ta fenêtre,
C'est l'amour qui bat le rappel!
Jeune fille, ouvre ta fenêtre,
C'est l'amour, c'est l'amour qui bat le rappel!

Vous ne serez pas toujours belles,
Les champs ne sont pas toujours verts,
Les heures ont de grandes ailes,
Les printemps touchent aux hivers,
Avril ne demande qu'à naître.
De fleurs, vite, parons l'autel;

 Jeune fille, etc.

Achetez il vend de la graine
Pour refaire un monde nouveau;
Et des amoureux, par centaine
Il en cache sous son manteau.
Il vend le droit de comparaître
Devant le péché véniel;

 Jeune fille, etc.

Mais je vois des plaines arides
Aux blés dorés jeter l'affront.
Prends garde, cela pousse aux rides
Et va plisser ton joli front.
Les cheveux argentés vont naître
Tout sur cette terre est mortel;

 Vite, il faut fermer ta fenêtre,
 L'amour ne bat plus le rappel!
 Vite, il faut fermer ta fenêtre,
 L'amour, l'amour ne bat plus le rappel

RÉVEIL DE LA FRANCE

Mélodie.

Paroles de Charles MARCHAL.
Musique de F. TRÉMEL.

*La musique se trouve chez H. C. de PLOOSEN,
éditeur, 58, passage Brady, Paris.*

Beaux amoureux, dans les forêts ombreuses,
Comme autrefois, tenez-vous enlacés,
Les souvenirs des guerres malheureuses,
Par le printemps, viennent d'être effacés !
Voyez partout, sur les tombes désertes,
Le gai soleil voulant sécher vos pleurs,
Mettre un linceul diapré d'herbes vertes,
Pour que l'oubli se cueille avec les fleurs.

Allez, enfants, courir par les bruyères,
Dans les grands bois, les bois verts et touffus;
Allez cueillir les roses printanières,
Les jours d'amour sont revenus!

Les verts sentiers ont comblé les ornières,
Faites jadis par les fourgons pesants;
On ne voit plus les poudreuses bannières,
Et les fusils, au soleil reluisants.
Et dans les champs, où, par la guerre impie,
Tant de héros sont tombés pour mourir;
Allez, enfants pour aspirer la vie;
Le passé dort, préparez l'avenir.

    Allez, enfants, etc.

La brise ouvrant son aile parfumée
A dissipé, sur le front pur des cieux,
Le crêpe noir qu'avait mis la fumée
Des lourds canons, enfin silencieux.
On n'entend plus la Marseillaise ardente,
Le grillon seul chante dans le sentier;
Le renouveau dans l'espace fermente;
Dans les buissons refleurit l'églantier.

    Allez, enfants, etc.

Jaunes moissons, manteau d'or de la terre,
Croissez en paix au penchant des vallons;
Ondulez-vous, étincelant suaire
Des morts couchés dans le creux des sillons
Croissez sans peur d'une guerre nouvelle,
Car nous avons enfin la liberté:
Il est un mot que l'univers appelle,
Et ce mot là, c'est la fraternité!...

    Allez, enfants, etc.

DEUX ORAGES

ROMANCE

Chantée par FONTENAY, à la Scala.

Paroles de É. de RICHEMONT.

Musique de F. BOISSIÈRE.

*La musique se trouve chez J. HIÉLARD,
éditeur, 8, rue Laffitte.*

Sur le penchant d'une colline,
Où Jeannette un matin passait,
Un jeune bouton d'églantine,
Sur sa tige se balançait.
Petite fleur, lui dit Jeannette,
A l'abri de ce grand buisson,
Tu ne crains rien de la tempête,
Pas plus que moi dans la maison !

Oh ! crois-moi, répond la fleurette,
La tempête, dans ses fureurs,
N'épargne ma pauvre Jeannette,
Les jeunes filles ni les fleurs. } *bis.*

Es-tu donc folle, ma petite.
De ne pas croire en l'avenir,
Quand tout ici-bas nous invite
Au bonheur ainsi qu'au plaisir !
L'existence est si douce chose,

Quand pour nous paraît le printemps !
Toi tu n'es pas encore éclose,
Moi je n'ai pas encore seize ans,

 Oh! crois-moi, etc.

Mais un soir, quittant sa chambrette,
Jeanne à la fête se rendit...
Le même soir, courbant la tête,
L'églantier était tout flétri.
Jeanne pleurait, un double orage,
Orage du ciel et du cœur,
Avait passé sur ce rivage
Et broyé jeune fille et fleur.

Cependant le rosier sauvage
Refleurira dans quelques mois,
Pauvre Jeannette, quel dommage ! } *bis.*
Le cœur ne fleurit pas deux fois.

LA VIE D'UNE FLEUR

ROMANCE

Chantée par Mlle LATOUCHE, à l'Alcazar d'été
et par M. ROSALNE, aux Folies-Bobino.

Paroles de MALY et DELORMEL.
Musique de F. BOISSIÈRE.

*La musique se trouve chez J. HIÉLARD,
éditeur, 8, rue Laffitte.*

Au moment où la pâle aurore
Teinte de rose les champs verts,
De la fleur, nature décore
Les pétales à peine ouverts.

Pareil au jour de la naissance
L'enfant est un bouton charmant,
De la mère, c'est l'espérance
Que dore le soleil levant!

Vous avez mêmes destinées;
Doucement, ô filles d'amour,
Vous penchez vos têtes fanées,
　Après n'avoir brillé qu'un jour! (*bis.*)

Midi vient, au loin dans la plaine
Aux ardents rayons du soleil,
La fleur épanouit, hautaine
Son corsage pur et vermeil.
Alors, vous montrez, jeunes filles,
Vos légers contours gracieux,
Et des longs plis de vos mantilles
S'envole l'amour radieux!

　　Vous avez, etc.

Mais quand le crépuscule sombre,
Du jardin voile les splendeurs,
Une main a cueilli dans l'ombre,
La fleur aux brillantes couleurs.
Ainsi de ton âme, ô pauvre ange
Tu vis s'effeuiller le meilleur,
Un démon à l'amour étrange
A brisé sans pitié ton cœur.

　　Vous avez, etc.

Chanson Nègre

Musique de B. PISANI.

*La musique se trouve chez L. ESCUDIER,
éditeur, rue de Choiseul, 21.*

Elle être noire,
Mais brillante et belle à plaisir,
Et ma mémoire,
Ne pouvoir pas s'en dessaisir
Et ma mémoire
Et ma mémoire
Ne pouvoir pas s'en dessaisir.

Elle sourire,
Son sourire être plein d'appas,
Elle me dire :
Ami, pourquoi revenir pas ?
Elle sourire,
Elle me dire,
Ami pourquoi revenir pas,
Ami, ami,
Pourquoi revenir pas ?...

Paris.—LEBAILLY, Libraire-éditeur,
Rue Cardinale, 6. et rue de l'Abbaye, 2 (bis),
(entre les rues de Buci et Bonaparte).
Les chansons contenues dans ce recueil sont la propriété de l'éditeur.
Les contrefaçons seront poursuivies avec toute les rigueurs des lois

LE DERNIER VERRE

Chanson

Paroles de A. GUÉRIN
Musique de Ferd. DEROO.

*La musique se trouve chez KATTO, éditeur,
17, rue des Saints-Pères, Paris,
et 10, rue des Grands-Carmes, Bruxelles.*

Le ciel fleuri d'étoiles
A nos adieux prend part,
Et le vent dans les voiles
Murmure le départ!
Madeleine, ma blonde,
Champagne au reflet d'or,
Avant de revoir l'onde,
Passons une heure encor!

Destin sévère,
Encore un verre,
Puis un baiser...
Sans quoi mon cœur va se briser.
La la la la la la la la la la.
La la la la la la la la la la la.

Vois tu bien, Madeleine,
On peut être un héros...
Si ce n'est pour sa peine!
Et j'ai le cœur bien gros!!...
Oh! blonde sans pareille,
J'en mourrai de douleur!...

Et puis, cette bouteille,
Quoique brune est ta sœur.
   Destin sévère, etc.

Allons, ma bien-aimée,
Ma bien-aimée, adieu !
J'ai l'âme parfumée
De tes baisers de feu.
Attends-moi, je t'assure
Qu'un jour je reviendrai...
Ma blonde ! je le jure...
Sur ce bon vin doré !!...
   Destin sévère, etc.

(*Le marin est très-allumé.*)
Encore un dernier verre !...
Ah ! c'est bien le dernier !!
  (*Flageolant.*)
Elle tourne... la terre,
  (*Se ravisant.*)
Qui pourrait le nier ?
  (*Gesticulant.*)
Ma pauvre âme divague...
  (*Indigné.*)
Vais-je rester en plan ?
  (*Zigzaguant.*)
Je suis comme une vague
Au sein de l'Océan !!...
   Destin sévère, etc.

LA SARDINE AVENTUREUSE
Légende

Paroles de A. BOUNIOL.
Musique de B. FREDERICK.

*La musique se trouve chez J. HIÉLARD,
éditeur, rue Laffitte, 8.*

Un jour quittant son papa
Une sensible sardine
Devant la Seine arriva,
Bouche en cœur et fraiche mine ;

Autour d'elle un jeun' goujon
Se mit à fair' la pirouette,
La belle en perdit la tête
Et pour lui changea d'bouillon

On dit dans tous les quartiers,
Qu'ainsi la pauvre sardine,
D'puis c'temps là, dans la cuisine
Fait l'bonheur des épiciers,
Fait l'bo, bo, fait l'neu, neur, } *bis.*
Fait l'bonheur des épiciers

Le goujon qu'était galant
Lui fit voir la Capitale
Puis l'emmène au restaurant
Et de primeurs la régale;
Mais au dessert le garçon
Voyant filer son pilote
Lui dit : payez moi la note
Ou j'vous fais mettre au violon!
  On dit etc.

La sardin' plein' de frayeur
Allait perdre connaissance
Un vieux barbeau plein de cœur
Pour la soutenir s'élance!
Il lui dit : j'ai du quibus
Ne fait's pas un mauvais rêve
Permettez que j'vous enlève
C'est moi qui pay' l'omnibus!
  On dit, etc.

Le lend'main on vit passer
Dans un superbe équipage
La sardin' qui sut fixer
La fortune à son corsage

On disait : si le barbeau
Fait ainsi l' pas d'écrevisse
La belle aura sans malice,
Avant peu fondu l'magot !
 On dit, etc,

Toute opulence à sa fin !
Notre sensible héroïne
En s'éveillant un matin,
Se trouva dans la débine ;
Le soir, pour sout'nir son rang
La sardin' croyant bien faire
Lâcha son propriétaire
Pour suivre un jeune Merlan.
 On dit, etc.

Mais c'était un faux gommeux
Qui pour remonter ses malles
Lui vendit jusqu'a ses ch'veux
Et la perdit dans les halles ;
La sardin' de désespoir
Ne pouvant s'faire épicière
Se plaça comme cuisinière
Et demoisell' de comptoir.
 On dit, etc.

La moral' pour tous pays
C'est que dans les aventures
On amass' plus de soucis
Qu'on ne mang' de confitures !
Fillettes qui croyez trouver
Le bonheur, loin du village,
Restez chez vous, c'est plus sage,
On n'sait c'qui peut arriver.
 On dit, etc.

LES ADIEUX A NINETTE

MÉLODIE

Chantée par LETER à l'Alcazar d'été.

Paroles de DELORMEL et MALY.
Musique de F. BOISSIÈRE.

*La musique se trouve chez J. HIÉLARD,
éditeur, rue Laffitte, 8, Paris.*

Dans les splendeurs de la campagne
Aux profondeurs des bois ombreux,
Héritiers d'un oncle en Champagne
Sans souci, nous cachions tous deux
Nos charmants rêves amoureux
Et nous enivrant de verdure,
De baisers et de chants d'oiseaux,
Nous marchions fiers dans la nature,
Pleins de désirs toujours nouveaux.

Le froid automne effeuille et jette
Au vent les bosquets enchantés,
Voici l'hiver... Rentrons Ninette,
Car les bois verts, (*bis.*) nous ont quittés!

Nous avons comme la Cigale
Semé l'argent et les chansons,
Je sens comme un vent de rafale
Dans mes poches vides des sons;
Ecus, de vos joyeux frissons
Déjà, de partout on réclame
Des notes à n'en plus finir ;
La modiste poursuit Madame
Et j'aperçois l'huissier venir.

Fuyons cet argus qui nous guette
Et ses exploits trop redoutés,
Voici l'hiver! Rentrons Ninette,
Car les écus nous ont quittés!

Cachés dans la petite chambre
A l'abri des coups du malheur,
Tant que la bûche de décembre
Donne un peu de douce chaleur
Recausons encor cœur-à-cœur :
Ce fut un jour plein de lumière,
Que tu te jetas dans mes bras.
Que ton baiser. Eh! quoi, ma chère,
Mais vous ne me répondez pas ?

Oui, vous détournez votre tête,
Et vos grands yeux noirs veloutés.
C'est bien l'hiver... Rentrons Ninette,
Car les baisers nous ont quittés.

Allez-vous en... j'ouvre la porte...
Mettez votre châle soyeux,
Vous deviez agir de la sorte...
C'est la loi des amours joyeux
De s'enfuir dans les jours brumeux.
Ils sont éclos dans le franc rire
De l'or, du vin, de la gaîté,..
Il leur faut toujours cet empire,
Pour garder leur fidélité.

Pendant que j'essuie, ô coquette,
Un pleur dans mon œil attristé,
Va t'en bien vite, Adieu Ninette...
O mes amours qui m'ont quitté !

IL N'FAUT PAS M'EN VOULOIR POUR ÇA

Chansonnette.

Chantée par **PACRA** dans tous les concerts.

Paroles et Musique de E. DEGEORGE.

*La musique se trouve chez J. B. KATTO, éditeur,
rue des Saints-Pères, 17, Paris,
et 10, rue des Grands-Carmes, Bruxelles.*

J'ai l'caractèr' le plus aimable,
Je suis doux comme un vrai mouton
Mais, quand j'ai bu, j'deviens un diable
J'cogne et j'casse tout dans la maison,
Il faut pourtant bien que j'm'arrose,
Boir' de l'eau, jamais ça n'm'ira.
Si je m'gris', c'est le vin qu'en est cause,
Il n'faut pas m'en vouloir pour ça.

C'est étonnant comm' j'ai l' cœur tendre,
Facilement je m'laisse aller.
Un' fill' de moi vient à s'éprendre ;
J'suis si bon ! j'vais la consoler.
Mais l'père, qu'la fureur transporte,
Veut nous marier, je le suis déjà.
Si ma femm' n'est pas encor morte,
Il n'faut pas m'en vouloir pour ça.

Pour ne pas faire attendr' ma femme,
Un soir je m' dépêch' de rentrer.
Qu'est-c'que je trouve auprès d'madame
Mon voisin ! en train de causer.
Il m'dit : c' n'est pas ma faut' j'vous l'jure,
C'est votr' porte qui me trompa ;
Si ma clé va dans votr' serrure,
Il n'faut pas m'en vouloir pour ça.

De ma colèr' n'étant plus maître,
Mon homme était dans d'vilains draps
En deux temps j'ouvre la fenêtre
Et je le flanqu' du haut en bas.
Le pauvre diabl', je le plains tout d'même,
D'avoir pris cet escalier-là,
Est c'ma faut' si j'loge au sixième ?
Il n'faut pas m'en vouloir pour ça.

Cette chanson n'est pas fameuse,
Et j'crains qu'ell' n'vous plaise pas beaucoup.
C'est qu' trouver une idée heureuse,
Ça n'est pas facile du tout.
Vous n'étiez pas forcer d' la faire.
Voilà p't'êtr' ce qu'on me dira,
Qu'voulez-vous ? je ne peux pas m'taire,
Il n' faut pas m'en vouloir pour ça.

LES DEUX SŒURS

Valse.

Chantée par M^{elles} Adelina et Carlotta **PATTI**.

Paroles de Ed. DUPREZ.
Musique de E. MUZZIO.

*La musique se trouve chez L. ESCUDIER
éditeur, rue de Choiseul, 21, Paris.*

Ah! ah! queles deux sœurs sont belles;
    Près d'elles
Ah! les anges aux blanches ailes,
    Des cieux,
Dans leur beauté sévère
Pâliraient sur la terre
S'ils n'empruntaient pour plaire
    Leurs yeux.
L'une à l'œil doux et limpide,
Porte sur son front candide
Teint d'une aimable rougeur,
L'innocence de son cœur :
L'autre, beauté souveraine,
A l'air noble, au port de reine,
Offre au regard enchanté
La grâce et la majesté.
Mais l'une et l'autre ont tant
    de charmes,
Qu'à toutes deux on rend
    Les armes.
    Ah! ah! ah!
Ah! ah! que les deux sœurs sont belles·
    Près d'elles
Ah! les anges aux blanches ailes,
    Des cieux,
Dans leur beauté sévère
Pâliraient sur la terre.
S'ils n'empruntaient pour plaire
    Leurs yeux.
    Ah!
Oui, pour plaire, *(ter.)*
    Leurs yeux! *(5 fois.)*

DIEU NOTRE PÈRE
Cantique.

Musique de Ed. SERVEL.

La musique se trouve chez L. ESCUDIER, éditeur rue de Choiseul, 21, Paris.

C'est le Très-Haut qui se révèle
A l'âme candide et fidèle
De ses enfants, de ses élus ;
Gloire à vous, ô divin Jésus !
Recevez, ô Maître adorable,
Ces âmes que nous vous offrons,
Et vous, sous la main secourable,
Enfants, courbez vos jeunes fronts !

    Dieu, notre père,
    Toi, que la terre,
    Aime et révère,
    Viens dans nos cœurs ;
    Et que ta grâce,
    En nous efface,
    Jusqu'à la trace
    De nos erreurs.

Oublierez-vous ce jour d'ivresse
Où le Seigneur, dans sa tendresse,
Nous comblant des plus rares biens,
Vous a fait hommes et chrétiens !
Non, ce n'est point par un outrage
Que votre cœur lui répondra ;
Mais, du monde bravant l'orage,
Votre voix toujours redira :
    Dieu, notre père, etc.

DAVID RIZZIO

Ballade.

Paroles de Gustave CHOUQUET,
Musique de J. MASSENET

*La musique se trouve chez L. ESCUDIER,
éditeur, rue de Choiseul, 21, Paris.*

(MARIE STUART.)

Le pâtre, à l'écho des montagnes,
 Parlait ainsi :
Jamais tu n'as vu nos campagnes,
 Fleur du souci, (*bis.*)
 Ah! ah! ah! ah! ah! ah! ah!

Mais Dieu, qui bénit nos bruyères,
 Nous a fait don,
Pour en décorer nos bannières,
 Du bleu chardon
 Ah! ah! etc.

Fidèle au jour de la victoire,
 Guerrière fleur,
Ah! brille au sentier de la gloire
 Et de l'honneur! (*bis.*)
 Ah! ah! ah! ah! ah! ah!

DEMANDE ET RÉPONSE

Madrigal.

Parole de A. BARTHET.
Musique de J. CRESSONNOIS.

*La musique se trouve chez L. ESCUDIER,
éditeur, rue de Choiseul, 21, Paris.*

La femme dont je suis épris,
Mettrait à ses pieds tout Paris,
    Tant elle est belle ;
Ses yeux sont bleus comme vos yeux,
Son sourire est frais et joyeux,
    Sa taille frêle.
Le nom qu'elle porte est si doux   } *ter.*
Qu'il faut le dire à deux genoux.
Qu'il faut le dire à deux genoux,
Madame ! la connaissez-vous ?

Monsieur, que répondre à celui
Qui, n'ayant vu que d'aujourd'hui
    Votre servante,
Sans plus tarder, en son honneur,
Se met à brûler de l'ardeur
    La plus fervente !
Et lui roucoule à deux genoux   } *ter.*
Les vers musqués d'un billet doux ?
Les vers musqués d'un billet doux,
Monsieur ! je m'en rapporte à vous !

Paris. — LE BAILLY, Libraire-éditeur,
Rue Cardinale, 6, et rue de l'Abbaye, 2 (bis),
(entre les rues de Buci et Bonaparte).
Les chansons contenues dans ce recueil sont la propriété de l'éditeur.
Les contrefaçons seront poursuivies avec toute la rigueur des lois

CONNAIS-TU
LE PAYS
où
FLEURIT L'ORANGER?

Romance chantée dans

MIGNON

Opéra comique

Paroles de Michel CARRÉ et Jules BARBIER
Musique de Ambroise THOMAS.

*La musique se trouve chez HEUGEL et Cie.,
éditeurs, rue Vivienne, 2 bis.*

Connais-tu le pays où fleurit l'oranger?
Le pays des fruits d'or et des roses vermeilles :
Où la brise est plus douce et l'oiseau plus léger,
Où dans toute saison butinent les abeilles ;
Où rayonne et sourit comme un bienfait de Dieu,
Un éternel printemps sous un ciel toujours bleu ?

    Hélas ! que ne puis-je te suivre
Vers ce rivage heureux, d'où le sort m'éxila !
    C'est là, c'est là que je voudrais vivre,
        Aimer, aimer et mourir ;
    . C'est là que je voudrais vivre,
        C'est là, oui, c'est là !

Connais-tu la maison où l'on m'attend là-bas?
La salle aux lambris d'or où des hommes de marbre
M'appellent, dans la nuit, en me tendant les bras ?
Et la cour où l'on danse à l'ombre d'un grand arbre?
Et le lac transparent où glissent sur les eaux
Mille bateaux légers pareils à des oiseaux ?

    Hélas! que ne puis-je te suivre,
Vers ce rivage heureux d'où le sort m'exila!
  C'est là, c'est là que je voudrais vivre
    Aimer, aimer et mourir ;
  C'est là que je voudrais vivre,
    C'est là, oui, c'est là!

Les couplets ci-dessus sont extraits de la pièce en vente au prix de 1 fr. chez Calmann-Lévy, éditeur, 3 rue Auber, et 15, boulevard des Italiens, Paris.

CYGNES BLANCS...
Barcarolle

Paroles de Léon LABARRE.
Musique de Désiré DIHAU.

La musique se trouve chez MEIS, éditeur rue Dauphine, 18, Paris.

Cygnes blancs,... merveille
De celui qui veille
Sur l'humanité,
Votre grâce est telle
Que toute mortelle
Dit sans vanité :
Ah! mon Dieu!... que n'ai-je
Votre col de neige,
Aimables oiseaux ?...

Et que le fils d'Ève *(ter.)*
Se fit votre élève
Pour quitter la grève
Et vaincre les eaux!

Ah! ah! ah! ah! ah! ah! ah!
Ah! ah! ah! ah! ah! ah! ah! ah!

Cygnes blancs,... rapides,
Sur les lacs limpides
Glissez ou dormez :
Qu'importe?... vous êtes
Toujours des poëtes,
Les amis aimés.
La rieuse enfance,
Malgré la défense
Des vieux tremblottants,
Vers votre aile blanche *(ter.)*
Accourt et se penche,
Quand vient le dimanche,
Aux mois du printemps.

    Ah! ah! etc.

Cygnes blancs,... l'on aime
Votre chant suprême
Qui fait tant pleurer!
De vos voix plaintives
Les âmes naïves
Ont su s'inspirer!
Sa tâche finie,
Lorsqu'un beau génie
Remonte vers Dieu,
C'est par *chant du cygne* *(ter.)*
Qu'ici l'on désigne
Les pensers qu'il signe
D'un soupir d'adieu.

    Ah! ah! etc.

ENFANTS
ET CHEVEUX BLANCS
Romance

Paroles et Musique de F. TREMEL.

*La musique se trouve chez H. C. de PLOOSEN,
éditeur*, 58, *Passage Brady, Paris.*

Gais chérubins, honorez la vieillesse,
Ne raillez pas si mes pas sont tremblants ;
Moi, comme vous, j'eus ma belle jeunesse,
Petits enfants, respect aux cheveux blancs!...

Oui, comme vous, j'eus mes jeux d'innocence,
Mon beau printemps et ma part de bonheur ;
Les ailes d'or de la sainte espérance,
En m'emportant, charmaient mon jeune cœur.
L'illusion berça longtemps ma vie,
Dieu qui me vit, me souriait du ciel :
J'étais heureux, lorsque, l'âme ravie,
Je recevais un baiser maternel.

      Gais chérubins, (etc.)

Je vois encore, au loin, dans un mirage,
Notre chaumine et nos grands bois touffus...
Là, de l'amour je reçus le doux gage —
— Gages d'amour, qu'êtes-vous devenus?
Chaque saison, parcourant les prairies,
Sur les gazons nous allions nous asseoir ;
Nous épanchions nos douces rêveries,
Pour l'avenir tous deux remplis d'espoir.

      Gais chérubins (etc.)

J'eus les honneurs, la gloire, la richesse,
Et de l'amour les doux enivrements;
J'eus des amis, dont l'ardente tendresse
Devait, dit-on, consoler mes vieux ans.
Mais le malheur, un jour, vint me surprendre :
De tous mes biens il ne m'est rien resté;
Mon seul enfant, Dieu voulut me le prendre,
Cet ange au ciel, hélas! est remonté!

  Gais chérubin, (etc.)

LES MARINS DE FRANCE

Paroles de Hippolyte DEMANET.
Musique de Louis PHILIPPE.

Ou air : *Jeanne, aimons-nous*

De Brest à Singapour, du Havre en Cochinchine,
De l'Atlantique en rut, labourant les sillons,
Quand vous fendez les mers de la ronde machine,
Marins, vous faites voir nos triples pavillons.
Sur chaque vaisseau fier qui joyeux se promène,
Semblables au berger défendant le troupeau,
Vous faites à ce globe une ceinture humaine
Qui garde le bon droit dans les plis d'un drapeau

  Bravant la mort et la souffrance,
  Trouant l'espace avec bonheur,
  Hommage à vous, marins de France,
  Marins de France, à vous l'honneur.

Joignant l'ardeur sublime à l'instinct militaire,
D'un trépas glorieux trop zélés candidats,
Faut-il combattre à bord, faut-il descendre à terre?
On vous voit vous unir à nos vaillants soldats.

Qu'aux baisers du canon votre chair soit meurtrie,
Que la poudre ait en jeu mis de gros intérets,
Votre sang généreux, au nom de la patrie,
Rougit les océans tout comme les guérêts.

    Bravant la mort, etc.

Pour vous, lutteurs, la crainte est comme une vaine ombre :
Cloués sur votre affût, malgré tous les autans,
Si parfois, affamés, ou réduits par le nombre,
Un ordre a défendu de tenir plus longtemps,
Sur votre teint bronzé coule une amère larme,
Et, pleins du fiel gaulois qui remplit les grands cœurs,
Votre énergique main, d'un effort brise l'arme
Qu'il eût fallu remettre à d'insolents vainqueurs.

    Bravant la mort, etc.

Votre héroïsme, ailleurs, est quelquefois plus ample;
Il grandit d'autant plus qu'augmente le danger.
La perte du VENGEUR en est un saint exemple :
Car, pour ne pas subir le joug de l'étranger,
L'acte de désespoir devient un orgueil sombre...
Souriant au péril, méprisant ses douleurs,
Vous aimez cent fois mieux que l'équipage sombre
Que d'y voir l'ennemi pavoiser ses couleurs.

    Bravant la mort, etc.

Parsemez les flots bruns d'ombres victorieuses,
Vous imposez l'estime à tout notre univers;
Si quelque échec se mêle aux pages glorieuses,
Il n'est pas un pays qui ne compte un revers.
De la vieille Armorique, et du Nord aux Cévennes,
Enfants d'un même sol, où l'homme est aguerri,
Montrez aux détracteurs que dans vos rouges veines
Le vieux sang du Français n'est pas encor tari.

    Bravant la mort, etc.

LÉGÈRES HIRONDELLES

Mélodie chantée dans

MIGNON

Opéra comique

Paroles de Michel CARRÉ et Jules BARBIER.

Musique de Ambroise TROMAS.

La musique se trouve, chez HEUGEL et Cie., éditeurs, 2 bis, rue Vivienne.

Légères hirondelles !
Oiseaux bénis de Dieu,
Ouvrez, ouvrez vos ailes
Envolez-vous ! Adieu !
Envolez-vous ! Ouvrez vos ailes !
Légères hirondelles,
Ouvrez, ouvrez vos ailes,
Envolez-vous ! Envolez-vous ! Adieu !

Fuyez vers la lumière ;
Fuyez vite, là-bas, vers l'horizon vermeil !
Heureuse la première
Qui reverra demain le pays du soleil.

Envolez-vous ! Légères hirondelles,
  Oiseaux bénis de Dieu !
 Ouvrez, ouvrez vos ailes,
Envolez-vous, adieu !
Envolez vous ! Ouvrez vos ailes !
  Légères hirondelles,
  Ouvrez, ouvrez vos ailes,
Envolez-vous ! Envolez-vous ! Adieu !

Les couplets ci-dessus sont extraits de la pièce en vente au prix de 1 fr. chez Calmann-Lévy, éditeur, 3, rue Auber, et 15, boulevard des Italiens, Paris.

UNE MÈRE

Romance

Paroles de Robert DUTERTRE.

Musique de F. TRÉMEL.

La musique se trouve chez *H. C. de* PLOOSEN, *éditeur*, 58, *Passage Brady.*

Dors, blonde enfant à la bouche vermeille,
Dors au refrain de mes tendres chansons ;
Pour mieux te plaire et charmer ton oreille
Languissamment j'affaiblis mes doux sons ;

Mais quand ta voix pourra dire : ma mère !
Quand tu courras sur les gazons en fleur ;
Ces jours heureux, fille charmante et chère,
Me paîront tous mes soins et ma douleur.

Mais, dors encor, dors encor, mon bel ange,
Dors au refrain de mon langoureux chant !
Que des esprits la céleste phalange
Berce tes doux petits rêves d'enfant.

Quels sont ces chants, ces voiles et ces cierges,
Ces fronts penchés devant le roi des rois ?
Aux saints parvis, ce sont de blanches vierges
Communiant pour la première fois.
De même, un jour, ô ma fille bénie,
Je te verrai pure et blanche au saint lieu,
Et de bonheur mon âme rajeunie
Près des autels avec toi prîra Dieu.

  Mais, dors encor etc.

Un jour, hélas ! modeste fiancée,
Tu passeras au bras d'un jeune époux.
De ton amour, rien qu'à cette pensée,
Je sens déjà mon cœur être jaloux...
Mais, au bonheur de ma fille adorée
Sacrifiant mon amour maternel,
J'irai bénir dans l'enceinte sacrée
Ton doux hymen aux pieds de l'Éternel.

  Mais, dors encor etc.

DOUX RÉVEIL

Mélodie

Paroles de ***
Musique de D. F. E. AUBER,
Membre de l'Institut.

La musique se trouve chez L. ESCUDIER,
éditeur, 21 *rue de Choiseul, Paris.*

O joie immense, ô doux réveil !
Mon cœur rayonne et voit le Ciel !
Un seul regard tombé sur moi
Me rend l'espérance et la foi.

Hier encore, en proie au doute,
J'errais dans l'ombre et dans la nuit ;
Un ange apparaît sur ma route :
Et tout s'anime, et le jour luit !

O joie immense, ô doux réveil !
Mon cœur rayonne et voit le Ciel !
Un seul regard tombé sur moi
Me rend l'espérance et la foi.

Hélas ! seul je n'aurais pu vivre !
Tout mon être s'est ranimé ;
Aujourd'hui je me sens revivre,
Je suis heureux : je suis aimé !

O joie immense, o doux réveil !
Mon cœur rayonne et voit le Ciel !
Un seul regard tombé sur moi
Me rend l'espérance et la foi.

LES ANIMAUX

Charge lyrique

Paroles de H. FÉNÉE.

Air : *quatr' pour un sou les Anglais.*

On dit que l'homme est Roi de la création :
  C'est flatteur, je n'dis pas l'contraire.
    Mais, malgré cela, j'ai la conviction
  Que l'Créateur eut pu mieux faire.
  L'espèce humaine a trop de maux ;
    Et quand je vois de certains animaux,...
  Je m'dis : en v'la qui sont heureux
  Je changerais bien avec eux ! } *bis*

Nous avons chacun, nos soucis, nos travaux
  Pour gagner notre nourriture.
Pendant qu' l'Eternel au plus p'tit des oiseaux,
  Gratis, prodigue la pature :
  Sans avoir besoin de l'ach'ter,
Ça trouv' toujours queuqu'chose à becqueter ;
  Les p'tits oiseaux sont très-heureux,
  Je changerais bien avec eux ! } *bis.*

C'est peu de s' nourrir, il faut, pour s'habiller,
  Habits, gilets, chapeaux et bottes ;
Et les fournisseurs, sitôt qu'on veut briller,
  Grassement font payer leurs notes :
  Les animaux en tout's saisons
Ont pour s'vêtir, plumes, poils ou toisons ;
  Ces gaillards-là sont très-heureux
  Je changerais bien avec eux ! } *bis*

Sans avoir besoin, pour grossir leurs magots,
  De chercher des actionnaires,
Portant leurs maisons, voyez les escargots,
  Ils sont tous bons propriétaires,

Aux prix où sont les logements,
Ça leur évit' beaucoup d' désagréments.
 Ah! qu' les escargots sont heureux ! ⎫
 Je changerais bien avec eux !   ⎬ bis

Voyez les p'tits chiens griffons, carlins anglais,
 Si portés pour la gourmandise :
Le sexe enchanteur ne r'gard' jamais aux frais
 Pour leur offrir un' friandise ;
Les femm's les couch'nt sur leurs genoux,
Vous conviendrez que c'est un sort bien doux...
 Qu'ces p'tits roquets sont donc heureux ! ⎫
 Je changerais bien avec eux !   ⎬ bis

Lorsque le printemps vient embraser nos cœurs,
 Et que vers l'amour il nous pousse,
De l'objet d'nos feux pour avoir les faveurs
 Il faut souvent jouer du pouce...
 Voyez un coq, dans une bass'cour :
Toujours à *l'œil* ce pacha fait la cour ;
 Ces coquins d'coqs sont très-heureux ⎫
 Je changerais bien avec eux !   ⎬ bis

Bref! quand je savoure, afin de m'étourdir,
 Ou du Macon ou du Bourgogne,
Je voudrais avoir, pour doubler mon plaisir,
 L'cou long comm' celui d'un' Cigogne.
 J'envie assez l'sort des Lezards,
Mais, j' n'en dirai pas autant des Canards :
 Ça n'boit que d' l'eau... Les malheureux ! ⎫
 J'voudrais pas changer avec eux !   ⎬ bis

Paris.—LE BAILLY, Libraire-éditeur,
Rue Cardinale, 6, et rue de l'Abbaye, 2 (bis,
(entre les rues de Buci et Bonaparte).
Les chansons contenues dans ce recueil sont la propriété de l'éditeur.
Les contrefaçons seront poursuivies avec toute la rigueur des lois

LE FACTEUR RURAL

Couplets chantés dans

LE CHATEAU A TOTO

Opéra bouffe

Paroles de Henri MEILHAC et L. HALÉVY.
Musique de J. OFFENBACH.

*La musique se trouve chez HEUGEL, et Cie,
éditeurs, 2 bis, rue Vivienne.*

Je suis le facteur rural,
Un bel état, mais c'est égal,
Il faut se donner du mal,
Quand on est facteur rural !

A Paris, mes brillants confrères
Font leurs courses en omnibus ;
Mais ici, dans nos humbles sphères,
Nous les f'sons *cum pedibus*.

(*Parlé.*) Et c'est une grave question de savoir si pour marcher beaucoup il vaut mieux avoir de grandes jambes que de petites. Au premier abord il semble qu'il vaut mieux en avoir de grandes : parce qu'avec de grandes jambes on fait de grandes enjambées... avec de petites jambes on fait de petites enjambées... mais on en fait plus. Alors ça revient à peu près au même...

Ça, du reste, ce sont des questions pour les savants... Ça ne me regarde pas, moi : je ne suis pas savant.

    Je suis le facteur, etc.

    Avec les lettres on s'en tire,
    Mais ce qui me rend presque fou,
    Messieurs, je m'en vais vous le dire,
    Ce sont les journaux à un sou.

(*Parlé.*) Il y en a de ces journaux... il y en a ! tous les jours on en invente de nouveaux... avec des titres ! ainsi dernièrement j'ai porté à une jeune dame un prospectus ainsi conçu : « Nous venons de fonder un nouveau journal, il s'appelle *le Fouet*... vous le recevrez tous les deux jours..» La jeune dame a rougi, et le mari qui était là, s'est fâché contre moi.... Et il a eu tort !.. Est-ce que cela me regardait... moi, on me dit de porter cela... je le porte... je ne suis pas journaliste, moi.

    Je suis le facteur, etc.

    Par bonheur on nous vient en aide :
    Aux facteurs il est question
    De donner un vélocipède.
    Gloire à l'administration !

(*Parlé.*) Oui... des vélocipèdes ! et cela, on peut dire que c'est une idée heureuse... il n'y a rien de plus distingué pour le moment ; et puis c'est très-commode... Par exemple, ce qui est difficile, c'est de monter dessus.... mais une fois monté dessus... Ce qui est difficile, c'est d'en descendre. Et puis, une fois lancées, ces bêtes là, il paraît que ça ne s'arrête jamais... ainsi dernièrement un caissier de chez nous est parti sur un vélocipède... eh bien ! il n'a pu s'arrêter qu'à New-York (Quand je dis qu'il s'est arrêté, je me trompe... on l'a arrêté). C'est du moins ce que l'on m'a raconté... Je ne suis pas allé y voir... Tout cela ne me regarde pas, moi.

    Je suis le facteur, etc.

    Les couplets ci-dessus sont extraits de la pièce en vente au prix de 2 fr. chez Calmann-Lévy, éditeur, 3, rue Auber, et 15, boulevard des Italiens, Paris.

LA FILLE DU MOUTARDIER

Chansonnette

Créée par Mlle E. **BONNAIRE**
à l'Alcazar d'hiver.

Paroles de VILLEMER et DELORMEL,
Musique de Paul COURTOIS.

La musique se trouve, chez F. MEIS, éditeur,
18, *rue Dauphine.*

J'ai vingt ans, j'suis assez gentille :
Eh bien! Messieurs, malgré cela,
Je suis obligé', d'rester fille ;
Et c'est la faute à mon papa :
Car faut vous dire qu'il fabrique
D'la moutard' de tout's les façons,
Et qu'en dot y m'donn' sa boutique
Pour se débarraser d'son fonds.

S'il y'a quelqu'un qu'aim' la moutarde
Qu'il s'lèv' tout droit sans s'fair' prier,
Que je l'contemple, et qu'il me r'garde :
(Parlé.)
Il deviendra (un, deuss', trois,) mon petit moutardier.

Notr' boutique est bien assortie,
On peut s'fier à la maison :
La marchandise est garantie,
Et mérite sa réputation.

C'est moi qui sers la clientèle;
Mais j'n'ambitionn' pas c't'honneur là !
Parc' qu'en fouillant dans la gamelle,
Ça mont' dans l'nez, et j'aim' pas ça.

  S'il y a quelqu'un etc.

Papa défi' la concurrence,
Ses produits sont un vrai régal,
Je prétends qu'pour leur excellence
Il ne redoute aucun rival.
Aussi quand nous allons dans l'monde,
Et qu'c'est chez des gens comme y faut,
De sa fameus' moutarde blonde
Y n'manqu' jamais d'emporter l'pot.

  S'il y a quelqu'un etc,

Malgré tout ça, je n'ai pas d' veine:
Croyez-vous qu'c'est pas guignonnant,
Dans un' position comm' la mienne
D'attendre toujours un galant?
Dam ! quand pour moi quelqu'un soupire,
Et m'demand' quel est mon état,
C'est vexant d'être forcé d' lui dire :
J'suis dans la moutarde à papa!

  S'il y a quelqu'un etc.

Mais v'là trop longtemps qu'je m'dessèche
A poser après un futur;
Faudrait voir un peu qui s'dépêche
Ou j'f'rai quelque bêtis', c'est sûr !
Car ma décision est prise :
Si j'n'entre pas dans l'conjungo,
J'vas m'plonger dans ma marchandise
Afin d'me périr subito

  S'il y a quelqu'un etc.

PARLEZ ENCORE, GRAND'MÈRE

Souvenir de la Guerre 1870-71.

Paroles et Musique de F. TRÉMEL.

La musique se trouve chez, *H. C. PLOOSEN.*
éditeur, 58, *Passage Brady.*

Un soir d'hiver, dans un pauvre village,
Mère Rosa, vieille de soixante ans,
Disait : « bientôt, pour le dernier voyage,
Je vais partir ; écoutez mes enfants :
Je vais conter de mes chagrins l'histoire ;
Vous dire enfin tous mes malheurs passés :
Ces jours de deuil, au fond de ma mémoire,
Hélas ! enfants, seront toujours tracés ! »

   — Et les enfants, pour se distraire,
  Disaient : Grand'mère, amusez-nous !
  Voyez, nous vous écoutons tous,
  Parlez encor, parlez, grand'mère !

« La France était alors grande et prospère, —
Leur dit l'aïeule, en essuyant un pleur, —
Quand tout à coup, partout, des cris de guerre
Vinrent troubler la paix et le bonheur.

Pour s'égorger, chacun courut aux armes,
Abandonnant ses amis, ses parents;
Moi je priais et je versais des larmes,
En maudissant tous ses vils conquérants ! »

— Et les enfants, etc.

« Mon fils, un jour, partit, plein de vaillance,
Venger son frère au milieu des combats !
De le revoir j'eus toujours l'espérance,
Je l'attendis, mais il ne revint pas !
Je restai seule en ma pauvre chaumière,
Quand l'étranger par la gloire enhardi,
Semant partout la honte et la misère,
Vint me chasser de mon dernier abri ! »

— Et les enfants, etc.

« J'ai tout perdu : que m'importe la vie !
Mais laissez-moi pleurer d'autres douleurs,
Sur les malheurs de la France meurtrie
Je veux, enfants, verser mes derniers pleurs ! »
— Elle se tut, car sa voix faiblissante
L'abandonna lorsqu'elle eut dit ces mots;
Et les enfants, aux pieds de la mourante,
Lui répétaient le cœur plein de sanglots :

« Nous ne voulons plus nous distraire !... »
Puis, ils l'appelèrent tous bas,
Grand'mère ne répondit pas:
Elle était morte, la grand'mère !!

LES CARABINIERS

Ronde chantée dans

LES BRIGANDS

OPÉRA BOUFFE

Paroles de H. MEILHAC et LUDOVIC HALÉVY.
Musique de J. OFFENBACH.

*La musique se trouve vhez COLOMBIER,
éditeur, 6, rue Vivienne, Paris.*

J'entends un bruit de bottes, de bottes,
De bottes, de bottes, de bottes,
C'est le premier carabinier. (*bis.*)
Ce sont les bottes, les bottes, les bottes,
Les bottes, les bottes, les bottes,
Les bottes des carabiniers,
Oui des carabiniers.

Silence ! silence !

Nous sommes les carabiniers,
La sécurité des foyers,
Mais, par un malheureux hasard,
Au secours des particuliers
Nous arrivons, nous arrivons,
Nous arrivons
Toujours trop tard ! (5 *fois.*)

La ronde est-elle terminée ?
Ou y a-t-il un' second' tournée ?

La ronde n'est pas terminée,
Voici la seconde tournée,
Cachons nous bien,
Ne disons rien.

Nous sommes les carabiniers,
La sécurité des foyers ;
Mais, par un malheureux hazard,
Au secours des particuliers.
Nous arrivons, nous arrivons,
Nous arrivons
Toujours trop tard ! (5 *fois*.)

J'entends encor les bottes, les bottes,
Les bottes, les bottes, les bottes,
Les bottes des carabiniers. (*bis*.)
On n'entend plus les bottes, les bottes,
Les bottes, les bottes, les bottes,
Les bottes des carabiniers,
Oui des carabiniers.
Les bottes, les bottes, les bottes, les bottes,
Les bottes des carabiniers. (*bis*.)

Les couplets ci-dessus sont extraits de la pièce en vente, au prix de 2 fr. chez Calmann-Lévy, éditeur, 3, rue Auber, et 15 boulevard des Italiens Paris.

LE BOUQUET DE MANON

Romance

Paroles de J. MONTINI.

Musique d'Adrien BOIELDIEU.

*La musique se trouve, chez F. MEIS, éditeur,
18, rue Dauphine, Paris.*

Comme Manon, j'ai l'âme aimante ;
Je la trouve toujours charmante,

Et pour m'adresser à Manon,
Il n'est pas un trop joli nom.
Hier, je lui disais : *Ninette!*
Je vous ai vu' rire en cachette... (*bis.*)

Riez, moqueurs, mais aimez-vous,
Mais aimez-vous,
Si vous pouvez, si vous pouvez, autant que nous !

Manon a, sur son doux visage,
Déjà quelques traces de l'âge ;
Mais si le temps flétrit ses traits,
Mon cœur lui rend tous ses attraits !
Plus d'une ride m'est bien chère,
Car on se ride en étant mère ! (*bis.*)

Riez, moqueurs, etc.

A vos fleurs fraîchement écloses
Je préfère ces vieilles roses,
Le reste du premier bouquet,
Qu'à Manon je pris, inquiet !
Leur doux parfum toujours m'enivre,
Le souvenir nous fait revivre ! (*bis.*)

Riez, moqueurs, etc.

Quand l'un de nous fuira ce monde,
L'autre, dans sa douleur profonde,
Comme un trésor prendra ces fleurs
En s'écriant, baigné de pleurs :
O souvenir plein de tendresse,
Tu viens parfumer ma tristesse !... (*bis.*)

Riez, moqueurs, etc.

L'EMBUSCADE

Chant patritique

Interprété par Mlle **AMIATI**, à l'Eldorado.

Paroles de VILLEMER et L. DELORMEL.

Musique de Alfred d'HACK.

La musique se trouve, chez F. MEIS, éditeur,
18, rue Dauphine, Paris.

Le vent gémit et la forêt est sombre,
Des éclaireurs marchent silencieux,
En avant-garde ils s'avancent dans l'ombre,
Fouillant de l'œil les buissons autour d'eux.
Soudain, le bois de partout s'illumine,
Tous les échos répètent mille cris...
Ils sont cernés, et sur chaque poitrine
Les ennemis ont braqué leurs fusils.

C'est l'heure où l'angélus sonne dans le hameau,
Où l'on pleure l'absent si loin de la chaumière,
Où les petits enfants se mettent en prière
Pour ceux qui vont tomber à l'ombre du drapeau. (*bis.*)

« De toutes parts votre route est fermée,
Allons, Français, rendez-vous, leur dit-on,
Oseriez-vous lutter contre une armée ? »
— Plutôt la mort ! répond le bataillon...

Leur chef, alors, dit : « Acceptez la vie,
Vous ne pouvez combattre un contre cent,
Peut-être un jour, enfants, votre patrie
Aura besoin de votre dévouement. »

  C'est l'heure, etc.

Chacun, hélas ! rendit alors ses armes,
Ce fut un rude et terrible moment,
Dans bien des yeux on vit rouler des larmes;
Puis vint enfin le tour du commandant.
« De ces vaillants, j'ai sauvé l'existence,
Mais moi, dit-il, je nargue le trépas ! »
Puis, il cria bien fort : « Vive la France ! »
Et se tua devant tous ses soldats.

  C'est l'heure, etc.

L'ÉCHO
DE LA
MANSARDE
Romance

Chantée par **BRUET** à l'Eldorado.

Paroles de DELORMEL et MALY.
Musique de Désiré DIHAU.

*La musique se trouve, chez F. MEIS, éditeur,
18, rue Dauphine, Paris.*

La mansarde est auprès des cieux,
Comme celle de tout poëte,
Le soleil, en orbes joyeux,
Chaque matin ouvre la fête

Si parfois le cœur est chagrin,
Le bon Dieu, qui d'en haut regarde,
Éveille par un gai refrain
   L'écho de la mansarde. *(bis.)*

C'est la voisine, un frais lutin,
Qui, dès l'aube, chante et travaille;
Le coq jette son cri mutin
En picorant parmi la paille;
Et le poëte, à la chanson
Joignant alors sa voix gaillarde,
Fait retentir à l'unisson
   L'écho de la mansarde. *(bis.)*

Voici la saison des beaux jours :
« C'est le printemps ! » dit la fillette.
Voici la saison des amours :
« Aimons-nous, » répond le poëte.
Alors un baiser vagabond,
Des lèvres tombé par mégarde,
Jeta dans un trouble profond
   L'écho de la mansarde. *(bis.)*

Pendant un an, ce pauvre écho
Ne savait plus auquel entendre,
Car, de jour en jour, le duo
Devenait plus doux et plus tendre.
Un soir chanteurs se sont perdus :
Enfants, que le bon Dieu vous garde,
Et depuis rien ne trouble plus
   L'écho de la mansarde. *(bis.)*

Paris.—LE BAILLY, Libraire-éditeur,
Rue Cardinale, 6, et rue de l'Abbaye, 2 (bis),
(entre les rues de Buci et Bonaparte).
Les chansons contenues dans ce recueil sont la propriété de l'éditeur
Les contrefaçons seront poursuivies avec toutes les rigueurs des lois.

ELLE Ne Croyait Pas

DANS SA CANDEUR NAÏVE

Mélodie chantée dans

MIGNON

Opéra comique.

Paroles de M. CARRÉ et J. BARBIER.
Musique de Ambroise THOMAS.

La musique se trouve, chez HEUGEL, et Cie.,
2 bis, rue Vivienne.

Elle ne croyait pas, dans sa candeur naïve,
Que l'amour innocent qui dormait dans son cœur,
Dût se changer, un jour, en une ardeur plus vive,
Et troubler à jamais son rêve de bonheur!...

    Pour rendre à la fleur épuisée
    Sa fraîcheur, son éclat vermeil,
O printemps, donne-lui ta goutte de rosée!
O mon cœur! donne-lui, (*bis.*) ton rayon de soleil!

C'est en vain que j'attends un aveu de sa bouche ;
Je veux connaître en vain ses secrètes douleurs
Mon regard l'intimide et ma voix l'effarouche,
Un mot trouble son âme et fait couler ses pleurs !...

 Pour rendre à la fleur épuisée
  Sa fraîcheur, son éclat vermeil,
O printemps, donne-lui ta goutte de rosée !
O mon cœur ! (donne-lui (*bis.*) ton rayon de soleil !

Les couplets ci-dessus sont extraits de la pièce en vente au prix de 1 fr. chez Calmann-Lévy, éditeur, 3, rue Auber et 15, Boulevard des Italiens.

DIEU VOUS BÉNISSE

ROMANCE

Paroles d'Albert BOMIER,
Musique d'Adrien BOIELDIEU.

La musique se trouve, chez F. MEIS, éditeur,
18, rue Dauphine,

 Elle sortait de l'église,
 Le front pur, l'œil recueilli ;
 Un vieillard, à barbe grise,
 Mendiait, l'œil obscurci.
 Elle met sa main mignonne
 Sur le gobelet d'étain,
 Dont le fond soudain résonne
 Avec un bruit argentin.

Tandis qu'une larme glisse
Sur son visage amaigri,
Tout ému, le pauvre dit :
    Dieu vous bénisse ! (*bis.*)

Puis, radieuse et légère,
Elle rentre en son logis,
Où l'attend ce bon grand-père
Dont elle est le paradis.
Mais, par la porte entr'ouverte,
Souffle un air froid et brumeux
Sur la tête découverte
Où sont rares les cheveux.
Du sort voyez la malice...
Le grand-père éternuant,
Elle redit justement :
    Dieu vous bénisse ! (*bis.*)

Or, le soir, avec mystère,
On causait auprès du feu.
Il souriait, le grand-père,
Elle rougissait un peu...
C'est que, bien près, bien près d'elle,
Soupirait son fiancé !
— « Donnez-moi, mademoiselle,
Et vous, bel embarrassé,
Vos mains que je les unisse.
C'est à mon tour maintenant,
De redire, mon enfant :
    Dieu vous bénisse ! » (*bis.*)

MON DIEU

Paroles de J. LAZARE.
Musique de Frédéric TRÉMEL.

La musique se trouve, chez H. C. PLOOSE
éditeur, 58, *Passage Brady.*

Il est un Dieu que je connais, que j'aime,
Dieu tout d'amour, de grace et de bonté...
Il répartit sa clémence suprême
Sur ses enfants, avec aménité.
    Dans son temple, point de mystères;
    Pas de latin, pas plus d'hébreu;
    Aimez-vous tous comme des frères. *(bis)*
    C'est la seule loi de mon Dieu.

Fraternité, c'est son humble devise ;
Le célibat par lui n'est point goûté ;
Et l'on enseigne à tous dans son Église
La paix du cœur, la sainte charité :
  De vos richesses passagères
  A l'indigent donnez un peu.
    Aimez-vous tous etc.

A la pauvre fille séduite...
Il pardonne, il bénit l'enfant...
Sur l'ouvrier qui, fatigué, palpite,
Il fait descendre un sommeil bienfaisant.
  Proscrits, des rives étrangères,
  Ne dites pas encore adieu.
    Aimez-vous tous etc.

L'or ni l'argent chez lui point n'étincelle,
Et sous la bure il choisit ses élus,
Pourquoi briguer la gloire temporelle
Sur un vieux siége aux ais tout vermoulus ?
   Pas de ministres mercenaires,
   Pas de trafic, dans le saint lieu.
     Aimez-vous tous etc.

C'est lui qui donne à la fleur sa parure,
Et qui conserve à l'enfant sa pudeur.
C'est avant tout le Dieu de la nature,
Qui ne veut pas la perte du pêcheur.
   Repentez-vous, ses traits austères
   S'apaiseront dans un aveu.
     Aimez vous tous etc

LA BACCHANTE

Créée par Mme ANDRÉANI,
à l'Eldorado.

Paroles de L. DELORMEL et Am. BURION
Musique de R. PLANQUETTE.

*La musique se trouve, chez MEÏS,
éditeur, 18, rue Dauphine.*

Le beau soleil dans la campagne
A fait briller ses flèches d'or ;
Essaim joyeux, vers la montagne
En bondissant prens ton essor !
Vite, en avant ! jeunes Bacchantes !

Fêtons l'éclat du gai matin
Et que les chœurs des Corybantes
Charment l'écho du bois lointain,
L'écho vibrant du bois lointain...

   Vin, vieux roi du monde,
   Que ta liqueur blonde
   De ses flots inonde
   Ma lèvre et mon cœur !
   O coupe enivrante
   De vin ruisselante,
   Donne à la Bacchante
   Délire et bonheur.

Tout souriant, le bon Silène
Est là debout, le thyrse en main.
D'âpres senteurs la brise pleine
Voici venir le Dieu du vin.
A toi, Bacchus, roi de la vigne,
Les chants d'amour de tes enfants !
Oui, de régner toi seul es digne !
A toi, jours pleins et triomphants !

   Vin, vieux roi etc.

Quand vient le soir, à tire-d'ailes
L'amour s'élance audacieux ;
De son regard les étincelles
Ont fait pâlir l'astre des cieux.
Il a saisi de sa main blanche
La coupe d'or aux doux reflets,
Et son beau front vers moi se penche
Et nous chantons dans les forêts :

   Vin, vieux roi etc.

ADIEU MIGNON

Mélodie chantée dans

MIGNON

Opéra comique

Paroles de M. CARRÉ et J. BARBIER.
Musique de Ambroise THOMAS.

La musique se trouve, chez HEUGEL *et Cie.,*
éditeurs 2, bis, rue Vivienne.

Adieu, Mignon, courage !
Ne pleure pas !
Les chagrins sont bien vite oubliés à ton âge,
Dieu te consolera !
Dieu te consolera ! mes vœux suivront tes pas !...
Mes vœux suivront tes pas :
Ne pleure pas !

Puisses-tu retrouver et famille et patrie !
Puisses-tu rencontrer, en chemin, le bonheur !
Je te quitte à regret, et mon âme attendrie,
    Partage ta douleur.

    Adieu, Mignon, etc.

N'accuse pas mon cœur de froide indifférence !
Ne me reproche pas de suivre un fol amour :
En te disant adieu, je garde l'espérance
    De te revoir un jour.

    Adieu, Mignon, etc.

Les couplets ci-dessus sont extraits de la pièce en vente au prix de 1 fr. chez Calmann-Lévy, éditeur, 3, rue Auber, et 15, Boulevard, des Italiens, Paris.

LA GRANDE SOEUR

Chansonnette.

Paroles de Théodore MASSIAC.
Musique de D. DIHAU.

La musique se trouve, chez F. MEIS, éditeur, 18, rue Dauphine.

Allons, monsieur, soyez un peu plus sage ;
Ne jouez pas aussi frivolement,
Vous êtes jeune, aussi je vous engage
A m'écouter bien attentivement.
Votre mémoire est encore ignorante,
Et vous semblez heureux comme cela !
Mais, à cinq ans, moi, j'étais très-savante
Et je lisais parfaitement déjà !

De mes avis profitez vite,
Je vous le dis avec douceur,
Croyez une personne instruite
Comme l'est votre grande sœur. } *bis*

Il vous faudrait devenir raisonnable :
Hier, encor, vous ai-je pas surpris,
A l'instant même où nous étions à table,
Tirant la langue à notre gros chat gris?
Je ne veux plus que cela vous arrive ;
Observez bien ceci pour l'avenir,
Sinon, monsieur, vous me savez fort vive,
Et je devrais en ce cas vous punir !

    De mes avis, etc.

Et ce matin, que prétendiez vous faire
Quand je vous vis, sur la chaise monté,
Près du buffet où l'on met d'ordinaire
La confiture et l'excellent pâté ?
Vous y vouliez rendre quelque visite
Si je n'avais retenu vos ébats !
Bien, bien ! jouez une mine hypocrite,
Mais que demain vous n'y retourniez pas !

    De mes avis, etc.

Je vous surprends? mon Dieu, j'en étais sûre !
Que trouvez-vous d'étrange en tout ceci ?
Si je vous gronde avec cette mesure,
C'est que de vous je prends un grand souci ;
Car j'ai huit ans, je deviens demoiselle,
On dit déjà que j'ai du jugement ;
Fiez-vous donc sans détour à mon zèle,
Vous qui, monsieur, n'êtes rien qu'un enfant !

    De mes avis, etc.

LES ÉTOILES

ROMANCE

Paroles de Jean de MONTAGUT.
Musique de d'AGUILAR.

*La musique se trouve chez L. ESCUDIER
éditeur, rue de Choiseul, 21, Paris.*

Sais-tu pourquoi, ma souveraine,
Les étoiles du firmament
Ont cette lueur incertaine
Qui fait rêver si tristement? *(bis.)*
C'est qu'elles marquent le passage
De ceux que nous avons perdus;
C'est que chaque étoile est l'image ⎫ *bis*
D'un pauvre cœur qui ne bat plus... ⎭

Vois-tu, chaque étoile qui brille,
Parle à quelqu'âme d'ici-bas;
C'est ton fiancé, jeune fille,
Qui te dit : Ne m'oubliez pas. ! *(bis.)*
Oh ! plains sa douleur solitaire;
Pleure ces beaux jours disparus;
Cherche en ton cœur une prière   ⎫ *bis*
Pour ce cœur qui ne battra plus... ⎭

V'LA QU'TOUT ÇA DÉGRINGOLE

Paroles de H. FÉNÉE.

Air : *du curé de Pomponne.*

Lorsque j'étais au régiment,
 Je m'souviens qu'un dimanche,
Chez ma Fanchon, complaisamment,
 Je posais une planche.
Sur cette planche elle plaça
 Vaisselle et casserole,
  Un tasseau céda,
   Oh! la la,
 V'là tout qui dégringole.

Perrette, allant vendre son lait,
 Calculait sa recette,
Pensant bien qu'elle achèterait
 Basse-cour et toilette.
La belle en faisant d'beaux projets
 Sauta comme une folle,
  Crac! les affiquets,
   Les poulets,
 V'là tout qui dégringole.

A vingt ans, j'avais l'teint fleuri
 Et blonde chevelure,
Du sexe faible étant chéri,
 J'eus plus d'une aventure.
Mais maint'nant que j'suis un peu vieux,
 (Sans que ça me désole),
  Ils sont peu nombreux,
   Mes cheveux!
 V'là tout qui dégringole.

J'aime à voir, autour de Paris,
 Aux fêtes d'la campagne,
Ceux qui vont pour gagner un prix,
 Grimper aux mâts d'cocagne.
En l'air ils suivent leur trajet,
 Sans dire une parole,
  Près d'pincer l'objet,
   Quel déchet!...
 V'là tout qui dégringole.

A régner despotiquement
  On ne réussit guère...
Car le peuple et l'gouvernement
  Se font toujours la guerre.
Couronne en tête, on croit devoir
  N'être pas bénévole.
    Un jour, trône, avoir
      Et pouvoir,
  V'là tout qui dégringole.

De tes magnifiques appas,
  O ma chère Angélique,
Jadis, je n'en disconviens pas,
  J'admirais la plastique.
Aujourd'hui c'est bien baissé d'ton,
  Car sans ta camisole,
    Malgré le cordon
      Du jupon,
  V'là tout qui dégringole.

Dans une noce d'Auvergnats,
  A la chaussur' ferrée,
On faisait d'rudes entrechats
  En dansant la bourrée.
Le marié, vrai furibond,
  Faisant un' cabriole,
    Défonça d'un bond
      Le plafond,
  V'là tout qui dégringole.

On bâtit des milliers d'projets
  Dans sa folle jeunesse,
Pour avoir de très-beaux budgets,
  Honneurs, gloire et richesse.
La Bourse alors, sous ce rapport,
  Bientôt vous affriole...
    Vienne un coup du sort,
      Ou la mort,
  V'là tout qui dégringole.

Paris.—LE BAILLY, Libraire-éditeur,
Rue Cardinale, 5, et rue de l'Abbaye, 2 (bis),
(entre les rues de Buci et Bonaparte).
Les chansons contenues dans ce recueil sont la propriété de l'éditeur.
Les contrefaçons seront poursuivies avec toute la rigueur des lois

QUAND JE SUIS
SUR
la Corde raide

Couplets chantés dans la

PRINCESSE DE TRÉBIZONDE
OPÉRA BOUFFE

Paroles de Ch. NUITTER et E. TRÉFEU.
Musique de J. OFFENBACH.

La musique se trouve chez BRANDUS et Cie, éditeurs, rue Richelieu, 103.

Quand je suis sur la corde raide,
Il me faut bien montrer, c'est clair,
Une jambe qui n'est pas laide,
A tous les yeux qui sont en l'air.
Que le maillot soit blanc ou rose,
Toi, ferme les yeux et pour cause.

   Si tu n'peux pas, (*bis.*)
   Si tu n'peux pas t'y faire,
   Oh! dans ce cas, (*bis.*)
Tu ne fais pas mon affaire.

Moi je t'offre, sans faribole,
Vois si cela peut t'arranger :
Avec une tête un peu folle,
Mes droits à la fleur d'oranger.
En public j'ai l'œil vif et tendre,
Mais mon cœur est encore à prendre.

Si tu n'peux pas, (bis.)
Si tu n'peux pas t'y faire,
Oh! dans ce cas, [bis.]
Tu ne fais pas mon affaire!

Les couplets ci-dessus sont extraits de la pièce en vente au prix de 2 fr. chez Calmann-Lévy, éditeur, 3, rue Auber, et 15 Boulevard des Italiens, Paris.

ESPÉRANCE

Mélodie

Paroles de M. le comte de PONTÉCOULANT.
Musique de J. CRESSONNOIS.

*La musique se trouve chez L. ESCUDIER,
éditeur, rue de Choiseul, 21, Paris.*

Ange de l'espérance, envoyé sur la terre
Pour alléger nos maux, pour essuyer nos pleurs,
Endors le malheureux, fais-lui, dans sa misère,
Oublier ses tourments, rêver des jours meilleurs.

Souvent, par le chagrin, notre âme est épuisée
Comme une pauvre fleur par un soleil brûlant. *(bis)*
La fleur reprend la vie en buvant la rosée,
En buvant la rosée ; et l'âme, en t'écoutant. } *bis.*

Tu promets au banni le ciel de sa patrie ;
A l'esclave enchaîné, la douce liberté ;
Au marin naufragé, quand la tempête crie,
Sur une côte amie un port de sûreté.
Tu nous promets l'amour, tu nous promets la gloire ;
Tu marches devant nous, un flambeau dans la main ; *(bis)*
Et nous croyons toujours, tant il est doux de croire, } *bis.*
Et nous croyons toujours au bonheur de demain.

Demain, toujours demain ! nous attendons sans cesse
Ce bonheur tant promis, qui pourtant ne vient pas...
L'infortune est crédule, et l'homme à ta promesse,
Quoique toujours trompé, croit jusqu'à son trépas.
Mais qu'importe après tout ? béni-soit ton mensonge !
Tu mens, et nous croyons jusqu'au terme fixé... *(bis)*
Dans cette vie, hélas ! le bonheur n'est qu'un songe, } *bis.*
Le bonheur n'est qu'un songe : et nous avons rêvé !

# Y FAIT SON NEZ

Chansonnette comique

Créée par Mlle **Bonnaire**, à l'Alcazar, et par Mlle **Bécat**, au XIXme siècle.

Paroles de VILLEMER et DELORMEL.
Musique de Paul COURTOIS

La musique se trouve chez MÉÏS, éditeur, 18, rue Dauphine.

J'ai, voyez si c'est d'la chance,
Pris mon Ernest pour époux.
Le gueux, comme une romance
Avant l'hymen était doux;
Aujourd'hui que j'suis sa femme,
Il s'conduit en polisson :
Et quand l'soir de lui j'réclame
Qu'monsieur reste à la maison,

> Y fait un nez long comm'ça,
> Et renfonc' sa casquette,
> En disant : Faut-il êtr'bête
> De prendr' femm'! oh! la la! } *bis.*

Hier, le temps était superbe,
Je lui dis : « Mon gros loulou,
Faut-aller dîner sur l'herbe
Dans les environs d' Saint-Cloud »
Vous croyez p't'êtr' que j'l'enchante
Par cet horizon d'ciel bleu,
Et qu'il trouv' l'idé', charmante?
Ah! vous l',connaissez bien peu.

Y fait un nez long comm'ça,
Et renfonc' sa casquette
En disant : Faut-il êtr' bête
D'sortir un'femme ! oh ! la la !
} *bis.*

Il emmèn' quéqu'fois Eugène,
Quand il va pêcher l'goujon,
Un d'ses amis qui m'promène
Pendant qu'il attend l'poisson.
L'autr' jour, après un' longu' pause,
Nous r'venons en lui disant :
Ernest, as-tu pris quéqu'chose?
Et v'là qu'd'un air mécontent,

   Y fait un nez etc.

Mais, un beau soir, par miracle,
A propos d'sa fêt', je crois,
Monsieur m'conduit au spectacle;
C'était la première fois.
Quand l'jeune premier entre en scène,..
J'm'écri' : Dieu quel beau garçon !
Et, faut-il avoir peu d'veine...
Ça rend d'suite Ernest grognon.

   Y fait un nez etc.

Enfin, vous avez la preuve
Qu'c'est un drôl' de pistolet.
Qu'il gêl', qu'il vente ou qu'il pleuve,
Il ne fait rien de c'qui m'plaît.
Mais c'qui m'effray' quand j'y songe,
C'est qu's'il continu' comm'ça,
Son nez va s'mettre un' rallonge
Et alors y possèd'ra

  Un nez qui s'ra long comm'ça
  Au d'ssous d'sa casquette :
  Ah ! sapristi ! ce s'ra bête
  Un nez de c'calibre-là !
} *bis.*

FEMME ET FLEUR

Mélodie

Paroles de A. DUCROS.

Musique de Giuseppe GARIBOLDI.

*La musique se trouve chez L. ESCUDIER,
éditeur, rue de Choiseul, 21, Paris.*

La femme dit à la rose :
Il te faut, pour être éclose,
De cet horizon vermeil
Attendre, ô ma bien-aimée,
Sur ta tige parfumée,
Un doux rayon de soleil !

La rose dit à la femme :
Il te faut, pour que ton âme
S'entrouvre à l'espoir d'un jour,
Attendre comme moi-même,
Ma sœur ! et ce bien suprême,
C'est un doux rayon d'amour !

Pauvre femme ! pauvre rose !
Leur dit une voix morose ;
Vous comptez sans les autans !
Le soleil luit et s'efface,
L'amour comme un rêve passe :
N'attendrez-vous pas longtemps ?

NOUS VENONS
DU FIN FOND
DE LA PERSE

Chanson des colporteurs

Chantée dans le

ROI CAROTTE

Opérette féerie.

Paroles de Victorien SARDOU.

Musique de J. OFFENBACH.

La musique se trouve, chez CHOUDENS et fils, éditeurs, rue St-Honoré, 265, Paris.

Nous venons
Du fin fond de la Perse,
Nous faisons
Un très-joli commerce !
Nous vendons
Des objets de toilette,
Nous tenons :
Parfums et cassolettes,
} bis.

Nœuds, festons
Et galons;
Gais costumes,
Frêles, frêles, frêles plumes,
Fleurs, bouquets,
Bracelets
Et breloques;
Fraîches, fraîches, fraîches toques,
Baumes, fards
Et brocards;
Larges voiles,
Fines, fines, fines toiles,
Talismans,
Diamants,
Aromates,
Fausses, fausses, fausses nattes :
Tous objets,
Tous secrets
Que réclame
Fille, fille, fille ou femme,
Pour qu'aux feux
De ses yeux
On s'enflamme !...
Nous les avons
En savons,
En bonbons,
En flacons...
Ah !

Nous venons, etc.

Ce bijou,
Mis au cou
D'une prude
Sèche, sèche, sèche ou rude.

L'excitant,
A l'instant
Sait la rendre
Douce, douce, douce et tendre.
Êtes-vous
Très-jaloux
De vos belles?
Ces ju, ces ju, ces jumelles
Vous font voir
Si, le soir,
Les traîtresses
Vous font, vous font, vous font pièces.
Tous objets,
Tous secrets
Dont on use,
Toute, toute, toute ruse,
Dont l'amour
Chaque jour
Nous abuse...
Nous les avons
En flacons,
En bonbons,
En bâtons.
Ah!

Nous venons, etc.

Les couplets ci-dessus sont extraits de la pièce en vente, au prix de 2 fr. chez Calmann-Lévy, éditeur, 3, rue Auber, et 15, boulevard des Italiens.

MA PAQUERETTE

Rêverie.

Paroles de A. BÉLLAT.
Musique de Frédéric TRÉMEL.

*La musique se trouve chez H. C. de PLOOSEN,
éditeur, 58, passage Brady, Paris.*

Quand une douce rêverie
Vient pâlir mon front soucieux,
Je sais un lieu dans la prairie,
Où je me cache à tous les yeux.
Là, comme une perle qui brille,
S'épanouit coquettement
Ma pâquerette si gentille,
Ma blanche fleur que j'aime tant ! } *bis.*

Tu viens de naître sur la mousse,
Au premier souffle du printemps,
Et puis, déjà ta feuille pousse,
Malgré le froid, le mauvais temps.
Petite fleur, dis, qui te presse
De sortir sitôt du néant ?
Viens-tu chercher une caresse
Du doux zéphir qui t'aime tant ? } *bis.*

Je vois dans ta corolle blanche
Comme un parfum de pureté ;
Je vois dans ta tige qui penche
L'emblème de l'humilité.

Et sur tes traits je vois encore
Un rayon de pourpre éclatant
Que la pudeur y fait éclore,
Petite fleur, que j'aime tant.   } *bis.*

Mais, dis moi, fleur, ces traits de flamme
Dessinant ton riant contour,
N'est-ce pas ton sein qui se pâme
Sous les rayons d'un chaste amour?
L'amour, vois-tu, c'est dans ce monde
Deux cœurs liés d'un nœud brûlant ;
Souris au rayon qui t'inonde,
Petite fleur, tu l'aimes tant !   } *bis.*

Petite fleur, celui que j'aime
Te cueillera quelque matin;
Comme toi, je voudrais moi-même
Mourir en brillant sur son sein.
Ah! dis-lui bien de quelle flamme
Mon cœur s'embrase en le voyant!
Dis-lui le secret de mon âme,
Petite fleur, je l'aime tant !   } *bis.*

DOUX SOUVENIR

Barcarolle

Paroles d'Albert BOMIER.
Musique d'Adrien BOIELDIEU

*La musique se trouve, chez MÉÏS,
éditeur, rue Dauphine, 18.*

Laissons dormir à la lame
Notre barque doucement,
Effleurons de notre rame,
L'onde verte mollement.

Tout se tait dans la nature
Sous ce beau ciel étoilé ;
De la brise qui murmure
Glisse le souffle embaumé.

 Astre des nuits,
 Dans l'azur, luis ;
 Et sur nous verse,
 Fraîche caresse,
 Ah ! sur nous verse,
 Fraîche caresse,
 Tes rayons blonds.

De la cloche du rivage
Le bruit arrive en mourant,
A la frange du nuage
Brille l'astre au front changeant.
Chante, chante, ô douce amie :
Vers l'étoile aux cheveux d'or,
De ta voix souple et bénie
Que le soupir monte encor !

 Astre des nuits, etc

Nous verrons passer, ma chère,
Ces moments de vrai bonheur !
Du destin la loi sévère
Nous enchaîne à la douleur,
Jusqu'au jour où, radieuse,
Loin des fous et des méchants,
L'âme s'envole, joyeuse,
Au ciel rejoindre tes chants,

 Astre des nuits, etc

Paris.—LE BAILLY, Libraire-éditeur,
Rue Cardinale, 6, et rue de l'Abbaye, 2 bis
(entre les rues de Buci et Bonaparte).

Les chansons contenues dans ce recueil sont la propriété de l'éditeur.
Les contrefaçons seront poursuivies avec toute la rigueur des lois.

VOULEZ-VOUS ACCEPTER MON BRAS?

RONDE

DU

BRÉSILIEN

Chantée au théâtre du Palais-Royal dans

LE BRÉSILIEN

Comédie

Paroles de H. MEILHAC et L. HALÉVY.
Musique de J. OFFENBACH.

La musique se trouve chez BRANDUS et Cie, éditeurs, 103, rue de Richelieu.

En allant à son ministère,
Il la rencontra ru' du Bac;   (*bis.*)
Elle s'arma d'un front sévère,
Il voulut l'atteindre, mais crac!   (*bis.*)
Elle prit le quai = des Lunettes,   (*bis.*)
L'impasse Saint André des Arts,
La ru' des Vieilles = -Haudriettes,   (*bis.*)
Et tous les nouveaux boulevards;

L'homme la suivait à quinz' pas,
Et lui disait tous bas :
   Voulez-vous, voulez-vous, } *bis.*
Voulez-vous accepter mon bras ?
La femme ne répondait pas.
  (*Imitant la trompette*)
Ta, ta, ra, ta, ta, ta, ra, ta, ta, etc.

Elle était un peu dur' d'oreille,
Mais elle avait l'esprit subtil ; (*bis.*)
Et pour fuir s'en fut à Marseille,
Prendr' le paqu'bot des bords du Nil, (*bis.*)
Sur les ruines = de Carthage (*bis.*)
Elle vit pleurer Salammbô,
Et fit quatre fois = à la nage, (*bis.*)
Le tour de l'il' de Bornéo,
  (*Imitant un homme qui nage*)

L'homme la suivait, etc.

On les vit aux deux hémisphères,
Au nord, au midi, puis ailleurs, (*bis.*)
Les enfants disaient à leurs pères :
Quels sont donc ces deux voyageurs ? (*bis.*)
On la vit à Montmartre, = en Suède, (*bis.*)
En Macédoine, au Kamschatka.
On la vit sur la = corde raide (*bis.*)
Franchir le saut du Niagara,
  (*Imitant un acrobate*)

L'homme la suivait, etc.

C'étaient des courses effrénées,
A faire pâmer un Anglais. (*bis.*)
Ils marchèrent bien des années
Sans pouvoir s'atteindre jamais ; (*bis.*)

Quand enfin au pont — Notre-Dame (*bis.*)
Ils arrivèrent haletants ;
Il était mort, lui ! — mais la femme (*bis.*)
Était mère de huit enfants ;

Alors revenant sur ses pas,
Elle lui dit tout bas :
   Je veux bien, je veux bien,
Je veux bien prendre votre bras, } (*bis.*)
Mais l'homme ne répondit pas.

Les couplets ci-dessus sont extraits de la pièce en vente, au prix de 1 fr. 50 chez Calmann-Lévy, éditeur, 3, rue Auber, et 15, boulevard des Italiens, Paris.

CE QU'ON NOMME
UN FRANÇAIS

Paroles d'Hippolyte DEMANET.

Air du *Parnasse des dames*.
ou : *De la montagne où je suis né*.

Sa verve ou moqueuse ou méchante
Partout fait jaillir la gaîté.
C'est l'homme et qui raille et qui chante
L'hiver aussi bien que l'été ;
Sapant la formule ennuyeuse,
Il rit et fait rire à l'excès...
Quelqu'un dont l'humeur est joyeuse :
Voilà ce qu'on nomme un Français.

Amant ou viveur estimable,
Sablant tous les vins généreux,
Est-il un sujet plus aimable ?
Trinquer le rend presque amoureux ;

Posant comme unique exemplaire,
Les cœurs ont pour lui vingt accès...
Quiconque et sait boire et sait plaire :
Voilà ce qu'on nomme un Français.

Sa main au travail est pratique,
Charmant l'univers tout entier,
Son œuvre embarrasse un critique
Dans l'art aussi bien qu'au métier...
Polir, ce programme est le nôtre,
Dût-on répéter maints essais...
L'auteur créant tout mieux qu'un autre :
Voilà ce qu'on nomme un Français.

Prêcheur qui proclame impudence
Le bien par un maître octroyé,
Qui veut que le mot : « Dépendance ! »
De tous les statuts soit rayé ;
Rêvant un moderne équilibre,
L'abus lui devra son décès...
Le brave amoureux d'être libre :
Voilà ce qu'on nomme un Français.

Mais s'il est content de débattre
Le droit de qui veut le bonheur,
Il est aussi prompt à combattre
Tout crâne insultant son honneur ;
Il vole au péril comme une ombre.
Sans croire aux dangers du procès...
Le preux se moquant du grand nombre...
Voilà ce qu'on nomme un Français.

Chacun le copie ou l'imite.
Les goûts en tous lieux sont les siens.
Il a reculé la limite
Du *nec plus ultra* des anciens ;
Qu'importe un but inaccessible,
Dès lors qu'il atteint le succès...
Tout homme essayant l'impossible :
Voilà ce qu'on nomme un Français.

UN DÉJEUNER
SUR L'HERBE

Chansonnette.

Paroles de E. HUBERT.
Musique de F. BOISSIÈRE.
*La musique se trouve chez J. HIÉLARD
éditeur, rue Laffitte, 8, Paris.*

Nous nous étions mis en tête
De bien célébrer la fête
  De l'oncle Bourdon;
On fit le projet superbe
D'un grand déjeuner sur l'herbe
  Au bois de Meudon.

  Gai! gai! c'est la fête
  De l'oncle Bourdon,
Sautons, sautons sur l'herbette
  La faridondaine!
  La faridondon!

Nous allons donc un dimanche
Tomber comme une avalanche
  Sur le bas Meudon;
Paul portait la galantine,
Joseph le foie en terrine,
  Et moi le dindon.

  Gai, gai, etc.

Tous nous gravissons la côte,
Mais on la trouve un peu haute,
  Le soleil nous cuit;
Bien que la soif nous talonne,
Le plaisir nous aiguillonne,
  L'on chante et l'on rit!

  Gai, gai, etc.

Épuisé par le voyage
On s'assied sous le feuillage,
　Comme on va manger!
Allons bon! la galantine
Est sujette à la trichine,
　Comment s'arranger?

　　Gai, gai, etc.

Le pâté vaut mieux sans doute,
Je propose qu'on y goûte
　Sans autres délais;
Comme bois la croûte est dure
Dedans pas de garniture!
　Nous sommes volés!

　　Gai, gai, etc.

Le dindon du moins nous reste,
Coupons-le d'une main preste,
　Il est aux marrons!
Hélas les fourmis en bande
Y dansent la sarabande,
　Près des pucerons!

　　Gai, gai, etc.

On a soif, on est en nage;
Le vin pendant le voyage
　S'est mis à tourner!
Dans une guinguette borgne
Qu'avec espoir chacun lorgne
　Il faut déjeuner!

　　Gai, gai, etc.

Voilà comme une partie
Qui nous semblait garantie
　N'a pas bien tourné;
Et notre oncle nous répète :
Offrez-moi tout pour ma fête
　Sauf un déjeuné.

　　Gai, gai, etc.

LES Émigrés d'Alsace

Souvenir

Poésie du Vicomte OGIER d'IVRY.
Musique de FRÉDÉRIC TRÉMEL.

*La musique se trouve, chez H. C. PLOOSEN,
éditeur, 58, Passage Brady.*

Je les ai vus passer, ces fiers enfants d'Alsace,
Avec leurs yeux naïfs et leurs souliers poudreux ;
Emportant avec eux la foi de leurs aïeux,
    Au fond de leur besace. (*bis.*)

Ils avaient tout quitté : la mère en cheveux gris,
La vigne et le coteau que les Prussiens ont pris,
    Pour bâtir des redoutes,
Les chansons du Salberg, les moissons et les prés,
Et les bois de sapins, pour s'en aller après,
    En file sur les routes.
        Je les ai vus passer, etc.

Je les ai vus, chantant un refrain du hameau,
Contempler tristement notre horizon nouveau,
    Brisés par la souffrance ;
Ils n'avaient pas voulu, ces enfants de Kléber,
Écouter les discours outrageux de Stœber,
    Et renier la France !
        Je les ai vus passer, etc.

Certes, la haine est lourde au cœur des éxilés,
Mais, quand nos bataillons, aux vôtres ralliés,
  Viendront prendre l'Alsace ;
Pauvres gens qui passez, nous vous rendrons le Rhin.
Et vos fils entendront de Paris à Berlin,
  Gronder notre menace !...

  Je les ai vus passer, etc.

L'ENNEMI

Paroles d'Hippolyte DEMANET.
Air : *Ce que j'éprouve en vous voyant.*
ou : *Ah! si ma dame me voyait.*

Pourquoi ce goût trop puéril,
Qui nous donnant une âme altière,
Fait que l'on cherche à la frontière
De quoi montrer son cœur viril.
Quand près de nous est le péril ?
Par des raisons plus textuelles,
Frappant le cœur presque endormi,..
Fouillons nos mœurs habituelles...
C'est là, c'est là qu'est l'ennemi.

Quand nous voyons un artisan
Qui vit du pain de sa journée,
Perdre un beau quart de son année,
Grâce au travail insuffisant...
N'y voit-on pas un mal cuisant ?
Lui qui ne peut... et c'est dommage
Se copier sur la fourmi...
Faisons la guerre à tout chômage.
C'est là, c'est là qu'est l'ennemi.

**Au sein de la prospérité,
C'est un scandale, un barbarisme**

De voir autant de paupérisme,
Quand le bien-être, à son côté,
Prend droit d'asile et de cité...
Chaque canton devrait d'urgence
Enluminer un teint blémi...
Livrons bataille à l'indigence...
C'est là, c'est là qu'est l'ennemi.

Tâchons d'avoir des goûts meilleurs;
Se moquant bien qu'il y paraisse,
L'ivrognerie et la paresse
Savent ici tout comme ailleurs
Vivre aux dépens des travailleurs;
Si guerroyer est un service,
Ne le faisons pas à demi...
Sachons lutter contre le vice...
C'est là, c'est là qu'est l'ennemi.

Tout ce qui fait le mal d'autrui,
Ce qui tient l'homme en servitude,
C'est lorsqu'il a manqué d'étude...
Qu'on voie un jour le monde instruit,
Le mauvais goût sera détruit...
Formons chacun cette espérance :
Que le progrès soit affermi...
Combat sans trêve à l'ignorance...
C'est là, c'est là qu'est l'ennemi.

Sans avoir rien pu recueillir
Et sans parfois qu'on le soulage,
Le plébéien accourt vers l'âge
Où l'on ne veut plus l'accueillir...
Faut-il devoir ainsi vieillir ?
Tenons les cœurs plus en liesse
Le pauvre, hélas ! a trop gémi...
Donnons du pain à la vieillesse...
C'est là, c'est là qu'est l'ennemi.

LES GARÇONS COIFFEURS

Chanson-type

Paroles de J. Fauque, musique de B. Frédérick

*La musique se trouve chez J. HIÉLARD,
éditeur, rue Laffitte, 8.*

Je viens chanter, de la part des confrères,
Quelques couplets faits de notre façon ;
Or, comme ils sont artistes capillaires,
C'est censément des merlans la chanson !

(*Parlé*) C'est vrai : les charpentiers, les maçons, les couvreurs et les tanneurs nous ont tellement tannés, que notre tour est venu de les raser. Vous allez voir, je vais vous démêler ça.

   Ah ! les garçons du bonheur,
   Vrais modèles des raseurs,
  Ce sont les garçons coi, coi, coi,
   Ce sont les garçons coiffeurs !
   Ah ! les garçons du bonheur,
   Vrais modèles des raseurs,
Ce sont les garçons coi, coi, coi, coi, coiffeurs !

Le plus rasoir n'est pas celui qu'on pense !
Quand nous rasons un de ces beaux gommeux
Qui viennent faire en toute circonstance,
Des calembours tirés par les cheveux.

(*Parlé*) Vous connaissez le truc : je suppose que vous avez un ami qui s'appelle Tabarbe et qu'il ait le ventre plat, vous pouvez lui dire alors : Ton ventre est plat, Tabarbe. (Ah ! etc.)

Dans notre état l'on est aimé des belles,
Puisque chez nous l'on voit des favoris ;
Pour les beautés le peigne a des dents telles,
Qu'avec amour on les poudre de riz.

(*Parlé*) Entre nous il ne faut pas avoir inventé la poudre pour en faire un de cette force-là.

Dans nos salons, ça c'est élémentaire,
Quand nous rasons, que nous parlementons.

Car qu'est-c' que prend l'artiste capillaire,
C'est le client toujours par le menton.

(*Parlé*) L'état parlementaire, quoi ! (Ah ! etc.)

Pauvres coiffeurs qui débitons en France,
L'eau de Cologne à monsieur Farina,
Le boulanger nous fait bien concurrence,
Puisque en tout temps lui de la farine a.

(*Parlé*) C'est même désastreux ; tenez, le patron a parlé de ça l'autre jour à Mr Pain-Tendre, en le rasant ; ah bien oui, le mitron dans sa barbe a ri. (Ah ! etc.)

Chez les coiffeurs nous sommes tous de taille.
Le fer en main les merlans vont aux feux ;
Dans le métier lorsqu'un de nous bas taille,
Il faut toujours s'attraper aux cheveux.

(*Parlé*) Comme les cocottes quand elles se disputent. (Ah ! etc.)

Quand les patrons, pour teindre, recommandent
L'eau de Lavande aux garçons le matin.
Alors par l'eau que ces garçons-là vendent,
On voit souvent plus d'un client pas teint.

(*Parlé*) Mais bah ! on les roule en papillotes et ça marche comme sur des roulettes. (Ah ! etc.)

Si vous voulez déboucher des bouteilles,
Chez les coiffeurs venez tous sans façons ;
De ce côté nous faisons des merveilles,
Car nous avons bien des tire-bouchons.

(*Parlé*) Et pour le bon vin c'est notre affaire, surtout, si nous le savons mousseux. (Ah ! etc.)

Notre métier date du premier homme,
Puisque Adam fut rasé par le serpent,
C'est même alors qu'ayant mangé la pomme,
Ève lui dit : « As-tu la brosse Adam ?

(*Parlé*) Mais Adam lui répondit : « En fait de brosse, je ne vois que du chiendent. » (Ah ! etc.)

Il est de fait que dans toute la ville,
C'est le toupet qui fait tout notre esprit,
Car bien souvent quand un coiffeur l'épile,
En l'épilant plus d'un chauve sourit.

(*Parlé*) Pas quand on l'épile dessous le nez par exemple ; après ça nous avons la poudre épilatoire de ménage pour les maris qui ont des poils longs sur le front. (Ah ! etc.)

Pour les cancans de toutes les manières,
Chez la portière on va tous les matins;
Mais les coiffeurs enfoncent les portières,
Car c'est chez eux que l'on voit les pots teints.

(*Parlé*) Et les grêlés, qui n'ont pas la peau lisse, trouvent toujours le pot aux roses. (Ah! etc.)

Plus d'un coiffeur qui veut qu'on le dépeigne,
Sans cesse allant par vaux et par chemins,
Pourra vous dire, étant toujours en peigne,
Qu'un bon coiffeur n'est jamais lent de mains.

(*Parlé*) Dam, il ne faut pas qu'il soit lent, terne, surtout en hiver, car il attrapperait bientôt l'air aux mains. (Ah! etc.)

Quand nous allons chez un célibataire,
Coiffer monsieur de par l'abonnement,
Rien n'est secret ce n'est, pas un mystère,
Pour le coiffeur jamais la bonne ment.

(*Parlé*) Et nous profitons de la bonne aventure pour déposer à ses pieds notre cœur et un faux chignon. (Ah! etc.)

Pour bien juger qu'une coiffure est faite,
Avec rondeur et qu'elle a du ballon,
D'un seul coup d'œil examinez la tête,
A la Titus vous verrez si c'est rond.

(*Parlé*) Après ça si vous voulez voir réfléchir la tête d'un gandin, voici comment vous vous y prenez : après lui avoir fait la raie nette, vous placez la tête du gandin la raie au mur devant une glace et ça réfléchit. (Ah! etc.)

Les bons coiffeurs ne sont jamais malades,
Et grâce à l'art, narguent les médecins,
C'est pour cela que grâce à leurs pommades
L'on voit toujours les merlans aux gras teint.

(*Parlé*) Ce qui fait que l'on ne peut pas voir ces merlans frits. (Ah! etc.)

Paris.—LE BAILLY, Libraire-éditeur,
Rue Cardinale, 6, et rue de l'Abbaye, 2 (bis),
(entre les rues de Buci et Bonaparte).

Les chansons contenues dans ce recueil sont la propriété de l'éditeur.
Les contrefaçons seront poursuivies avec toutes les rigueurs des lois.

LA TIMBALE AU SOMMET DU MAT

Couplets chantés dans LA

TIMBALE D'ARGENT

Opéra bouffe

Paroles de A. JAIME. et J. NORIAC.
Musique de Léon VASSEUR.

La musique se trouve chez CHOUDENS et fils, éditeurs, 265, rue Saint-Honoré, Paris.

La timbale, au sommet du mât,
Comme un éclair d'argent rayonne,
Le beau Fritz, tenté par l'appât,
Empoigne à deux bras la colonne ;
Allons, courage, mon garçon !
Le voilà qui grimpe : il se hisse...
Un dernier coup de jarret... bon !
Crac ! v'la qu'ça glisse.

Encore un qui n' l'aura pas
La timbale, la timbale !
Encore un qui glisse en bas,
Encore un qui n' l'aura pas.

Pour une fill', trois prétendants
Voudraient atteindre la timbale.
Ils s'élancent les yeux ardents,
On pousse, on bouscule, on cabale...
Ils veulent grimper à la fois ;
Le but n'est pas loin, oh ! supplice !...
Ils vont l'atteindre tous les trois...
Crac ! v'là qu' ça glisse.

Encor trois qui n' l'auront pas
La timbale, la timbale !
Encor trois qui gliss' en bas,
Encor trois qui n' l'auront pas.

On dit que l'amour, bien souvent,
A fair' des bêtis's nous entraîne.
Source de joie et de tourment,
Peu de plaisir, beaucoup de peine.
On arrive, on est plein d'espoir...
On voudrait que tout réussisse,
Le bonheur se laisse entrevoir,...
Crac ! v'là qu' ça glisse.

Et souvent on ne l'a pas
La timbale, la timbale !
Encore un qui glisse en bas,
Encore un qui n' l'aura pas.

Les couplets ci-dessus sont extraits de la pièce en vente au prix de 2 fr. chez Calmann-Lévy, éditeur, 3, rue Auber, et 15, boulevard des Italiens, Paris.

LES TOURMENTS D'UN GARÇON DE FERME

Chansonnette.

Paroles de DANTEUIL, musique de PITER

*La musique se trouve chez HIÉLARD, éditeur,
rue Laffitte, 8, Paris.*

J' suis garçon d' ferme chez un' veuve,
La plus bell' femm' de not' endroit;
Mais qui n'est pas, j'en ai la preuve,
Toujours aussi douce qu'on croit.
Son caractère très-fantasque,
A la lun' rousse est tout pareil.
Subit'ment il vient un' bourrasque,
Tout d' suite après un beau soleil.

Et, dans ces cas-là, chose injuste,
   C'est toujours moi,   (bis.)
   Qu'ell' tarabuste
Sans que je sach' seul'ment pourquoi.

J'avais justement le dimanche
Où, d'abord, j' m'en suis aperçu
Ma veste neuve, un' chemis' blanche,
Enfin j'étais assez cossu.
Paf! on m' bouscule; c'est la bourgeoise
Qui m'arriv' sur l' dos quasiment
Plus fort qu'un' bombe et m' cherche noise
Au sujet d' mon bel habill'ment,

Tirant ma cravate, ell' la r'serre
　　A n' plus souffler,
　　A m'étrangler;
　　Là, pourquoi faire
Que d' ma toilette ell' vient s' mêler?
D' bonne humeur, un jour, ell' m'appelle
Pour voir s' béqu'ter deux tourtereaux
Est-ce une chose naturelle
De m' déranger pour des oiseaux?
Viens, qu'ell' me fait, je veux qu' tu voies :
Ce couple tendre est-il charmant?
Oui, que j' dis, mais vaut mieux des oies,
C'est tendre et ben plus profitant.
Là d'ssus je n' sais quell' mouch' la pique
　　Va! grand oison!
　　Va! gros buson!
　　Qu'ell' me réplique
Et pourtant j' crois qu' j'avais raison.
Dans les champs travaillant ensemble,
Une autre fois, v'là qu' tout à coup
Elle ôte par mégarde, à c' qu'il m' semble,
Son fichu de dessus son cou :
Moi, voyant qu'à l'air elle expose
Ses épaules et cætera,
J' l'engage à tout r'couvrir à cause
Qu'ayant chaud ell' s'enrhumera.
Dieu qu'ell' me dit, pour un jeune homme
　　Vraiment on n'est
　　Pas plus benêt;
　　Oui, voilà comme
Il est bon d' prendr' son intérêt.
Au bord du pré, l' lendemain assise
Tout près d' moi, qui voulais dormir,
Ne me d'mand'-t'-ell' pas, quell' bêtise!
Si je pensais à m'établir.
Preuv' que son caractère est drôle,
En m' voyant plongé dans le sommeil,
Sur le dos ell' m' flanque un coup de gaule.
Jugez si c'est un bon réveil.

Bah! qu'ell' me cri' tandis qu' je m' frotte
   Tout ça n'est rien
   Et j' savais bien,
   Grosse marmotte,
De t' dégourdir qu' c'est l' vrai moyen.

L' pèr' François prétend qu' ses colères
Vienn'nt de c' qu'ell' grill' de m'épouser.
Un' si bell' femm' qu'a d' si bonn's terres
Dam! ça n'est pas à refuser.
Du moment qu' c'est un' preuv' quell' m'aime
De m' maltraiter qu'ell' n' se gên' pas.
Pour êtr' son bourgeois à soi-même,
On peut supporter quelqu' dégâts,
Par amour avoir plaies et bosses;
   C'est très-touchant!
   J'bisquerais pourtant
   Si l' jour des noces
J'arrivais tout clopin clopant.

L'AVEUGLE

Paroles d'Hippolyte DEMANET

Air : *Mon cœur a vingt ans pour t'aimer.*

D'un éclair déchirant la nue,
Dieu me frappa de cécité,
Mais quelque chose l'atténue :
Je ne vois pas l'humanité :
L'espèce en tous lieux se gangrène,
J'écoute... et peux bien le savoir,
Le monde est usé dans sa graine...
Je suis content de ne rien voir.

Les hommes, règle générale,
Pitres en haut, communs en bas,
En prêchant honneur et morale,
Sont forts en stériles ébats.

On sème or, intrigue et science,
Pour gagner fortune et pouvoir...
Chaque homme a peu de conscience...
Je suis content de ne rien voir.

Ces dames qu'on prône ingénues
Livrent leur sagesse au hasard,
Et font assaut de formes nues...
Le bal n'est souvent qu'un bazar :
Selon que l'argent se débourse,
On troque et pudeur et devoir...
L'alcôve a son cours à la Bourse...
Je suis content de ne rien voir.

Nos fils, impudents minuscules,
Jadis n'étaient pas énervés .
C'étaient autrefois des hercules,
Ce sont aujourd'hui des crevés...
Chacun, sans poser en bravache,
Joignait le courage au savoir...
Pour arme, ils ont pris la cravache...
Je suis content de ne rien voir.

Quant aux aimables demoiselles,
Ames de feu, corps de limon;
De l'ange, on a rogné les ailes
Pour mieux retrouver le démon :
Cheveux, robe, esprit à revendre,
De tout on les voit se pourvoir...
Tout s'achète afin de se vendre...
Je suis content de ne rien voir.

Votre œil aux splendeurs s'habitue :
Martyrs de cent troubles divers,
En arme, en débauche on se tue,
Sans voir le ciel bleu, les prés verts.
Le mal dégourdit tout novice,
Le bien ne peut plus se mouvoir,
La mode a fait un dieu du vice...
Je suis content de ne rien voir.

ON ME NOMME
Hélène la Blonde

Couplets chantés dans

LA BELLE HÉLÈNE

OPÉRA BOUFFE

Paroles de H. MEILHAC et L. HALÉVY.
Musique de J. OFFENBACH.

*La musique se trouve, chez HEUGEL et Cie,
éditeurs, 2 bis, rue Vivienne.*

On me nomme Hélène la blonde,
La blonde fille de Léda.
J'ai fait quelque bruit dans le monde,
Thésée, Arcas, et cætera.
Et pourtant ma nature est bonne,
Mais le moyen de résister
Alors que Vénus, la friponne,
Se complaît à vous tourmenter. (*bis.*)

Dis-moi, Vénus, quel plaisir trouves-tu,
A faire ainsi cascader, cascader la vertu ? } *(bis)*

> Nous naissons toutes soucieuses
> De garder l'honneur de l'époux,
> Mais des circonstances fâcheuses
> Nous font mal tourner malgré nous;
> Témoin l'exemple de ma mère,
> Quand elle vit le Cygne altier
> Qui, vous le savez, est mon père,
> Pouvait-elle se méfier ? *(bis.)*

Dis-moi, Vénus, etc.

> Ah! malheureuses que nous sommes!
> Beauté, fatal présent des cieux!
> Il faut lutter contre les hommes,
> Il faut lutter contre les dieux!
> Vous le voyez tous, moi je lutte,
> Je lutte et ça ne sert à rien,
> Car si l'Olympe veut ma chute,
> Un jour ou l'autre il faudra bien. *(bis.)*

Dis-moi, Vénus, etc.

Les couplets ci-dessus sont extraits de la pièce en vente au prix de 2 fr. chez Calmann-Lévy, éditeur, 3, rue Auber et 15, boulevard des Italiens.

CES FEMMES-LA !

Romance dramatique

Paroles et musique de Frédéric TRÉMEL

La musique se trouve chez H. C. de PLOOSEN, éditeur, 58, passage Brady, Paris.

Elles n'ont rien qu'un parler sale, étrange,
Qui fait rougir l'ouvrière sans pain ;
Des fleurs au front et le cœur dans la fange,
Les traits fanés et le visage peint.
Tristes beautés aux regards froids et ternes,
Tout est flétri chez ces êtres sans nom ;
C'est l'impudeur, prenant des airs paternes,
Le vice impur, pétri par le démon !

Moi, je vous plains, comme je plains tout être
Qui voit s'enfuir l'aube de son printemps,
Car il en est parmi vous qui, peut-être,
Tristes le soir, pleurent sur leurs vingt ans !

Pour un peu d'or, prostituant leur âme
Aux dépravés à l'infernal désir,
En reniant leurs sentiments de femme,
Elles vont vendre un ignoble plaisir.
Spectres hideux qui se cachent dans l'ombre,
Pour dérober leur aspect repoussant,
Puis, à minuit, quand la ville est bien sombre,
Vont mendier quelques sous au passant !

Moi, je vous plains, etc.

Et cependant, parfois, s'il faut le dire,
En paraissant dans de pâles clartés,
Leurs faux attraits vous donnent le délire
Et font rêver aux âpres voluptés !
Oh ! pauvres fleurs ! dès l'aurore fanées,
Vous avez vu votre éclat se ternir ;
En dépensant vos plus belles années,
Vous n'avez rien, pas même un souvenir !...

Moi, je vous plains, etc.

LE
Chardonneret

Chansonnette.

Paroles de LAMARTINE.

Musique d'Alfred de LONGPÉRIER.

La musique se trouve chez L. ESCUDIER,
éditeur, rue de Choiseul, 21, *Paris.*

Toi, dont mon seul regard faisait frissonner l'aile,
    Qui m'égayais par ton babil;
Hélas ! te voilà sourd à ma voix qui t'appelle,
    Cher oiseau ! la saison cruelle
    De ta vie a tranché le fil !

Ne crains pas que l'oubli chez les morts t'accompagne,
  O toi le plus doux des oiseaux !
Tu fus pendant six ans ma fidèle compagne ;
  Oubliant pour moi la campagne,
  Ta mère et ton nid de roseaux !

Moi je fus avec toi si vite accoutumée !
  Nos jeux étaient mon seul loisir ;
Lorsque tu me voyais dans ma chambre enfermée,
  Tu chantais : à ta voix aimée,
  Mon ennui devenait plaisir !
Oh ! notre vie à deux qu'elle était douce et pure !
  Oh ! qu'ensemble nous étions bien !
Le peu qu'il nous fallait pour notre nourriture,
  Je le gagnais à la couture,
  Je pensais : mon pain est le sien !

Je variais tes grains ; puis en forme de gerbe,
  Cueillie au bord des champs l'été
Tu me voyais suspendre à ta cage superbe
  Un cœur de laitue, un brin d'herbe
  Entre tes barreaux becqueté.
Que ne peux-tu savoir combien je te regrette !
  Hélas ! ce fut à pareil jour
Que tu vins par ton vol égayer ma chambrette
  Où maintenant je te regrette
  Seule sous cette ombre d'amour !

DOUCE PENSÉE

Mélodie

Paroles de ROGER du CLUZEAU
Musique d'Adrien BOIELDIEU

*La musique se trouve chez L. ESCUDIER,
éditeur, rue de Choiseul, 21, Paris.*

Comme un doux parfum de myrrhe
Dont je suis tout enivré,
Au fond de mon cœur, respire
Ton souvenir adoré !

Le bleuet et la pervenche,
Me rappellent tes yeux bleus,
Et la marguerite blanche,
Le jour béni des aveux !..

Comme un doux parfum de myrrhe (etc.)

Pour moi, ton charmant visage
Emprunta son coloris,
De quelque rose sauvage,
Au cœur des halliers fleuris !...

Comme un doux parfum de myrrhe (etc.)

Quand le vent en larges ondes,
Courbe la cime des blés,
Je crois voir les tresses blondes
De tes cheveux ondulés !..

Comme un doux parfum de myrrhe (etc.)

Dans le rêve et dans la veille,
C'est ta douce et tendre voix,
Qui murmure à mon oreille,
Les chants aimés d'autrefois !

Comme un doux parfum de myrrhe (etc.)

Paris. — LE BAILLY, Libraire-éditeur,
Rue Cardinale, 6, et rue de l'Abbaye, 2 (bis,
(entre les rues de Buci et Bonaparte).
Les chansons contenues dans ce recueil sont la propriété de l'éditeur.
Les contrefaçons seront poursuivies avec toute la rigueur des lois

L'ENFANT DE PARIS

Scène dramatique

Dite et chantée par M{^lle} AMIATI, à l'Eldorado.

Paroles de DELORMEL et VILLEMER.
Musique de LUD. BENZA.

RÉCIT.

*La Musique se trouve chez LE BAILLY, éditeur,
rue Cardinale, 6, Paris.*

Paris l'avait vu naître.
C'était un pâle enfant éclos dans les faubourgs.
Il était de ceux-là qui suivent les tambours,
Et sentent dans leur sang circuler du salpêtre,
Quand passent des clairons devant un régiment.
  Il avait bien souvent inquiété sa mère
  En lui disant : Lorsque je serai grand,
  Je veux aussi devenir militaire.
    Il n'avait pas onze ans,
Qu'il connaissait déjà l'histoire des géants
Qui marchaient vers le Rhin pour délivrer la France.
  Le nom de Hoche et celui de Marceau
Faisaient battre son cœur et troublaient son cerveau :
D'être vaillant comme eux il avait l'espérance.
Le jour où la Patrie appela ses enfants,
Il fut un des premiers parmi les combattants

Qui vinrent s'enrôler à son appel suprême.

. . . .

Les fusils en faisceaux maintenant sont rangés,
La bataille est finie et les morts sont vengés.
Autour du feu chacun cherche un ami qu'il aime,
 Car la nuit tombe, et les soldats
 Pensent à ceux qui sont couchés là-bas.
Il paraît qu'un des leurs sur l'armée ennemie,
Vers la fin du combat, a conquis un drapeau ;
C'est un enfant, dit-on, à la face blémie,
Et pour qui le fusil est un jouet nouveau ;
Qui, s'élançant, tout seul, au milieu de la poudre,
S'en est allé chercher, hardi comme la foudre,
 L'étendard allemand.
On vient de l'amener devant le commandant ;
C'est l'enfant qui jadis faisait pleurer sa mère
En lui disant : Un jour je serai militaire.
 Le chef en voyant ce gamin
Lui dit : c'est bien mon brave ! et lui donne la main ;
— Quel âge as-tu ? — Vingt ans — Ta ville ?
— Paris, mon commandant. — Pays des bons soldats.
 Prendre un drapeau pourtant n'est pas facile ;
Dis-nous ce que tu fis quand tu t'en emparas.
 Le bataillon devant lui fit silence ;
Ému, l'enfant tourna son képi dans ses doigts
 Et, rougissant presque de sa vaillance,
 Voici comment il conta ses exploits :

CHANT.

 C'était ma première bataille,
 Mais, commandant, j'avais pas peur,
 Car si je suis petit de taille,
 Allez, on ne l'est pas de cœur.
 Je me disais : Comme la mère
 Tremblerait de me savoir là !
 Je vis passer cette bannière
 Et me dis : Faudrait prendre çà !

 Les tambours battaient, les trompettes
 Sonnaient la charge aux escadrons ;
 J'allais devant leurs baïonnettes ;
 Et sans souci de leurs canons.

Ce drapeau, je voulais le prendre.
C'était dur, car, mon commandant,
Ils étaient là pour le défendre
Ceux qui restaient d'un régiment.

Allons! dis-je, Vive la France!
Si je reste, on le verra bien.
Dans le tonnerre je m'élance,
Ne voyant, n'entendant plus rien.
Combien en resta-t-il des nôtres?
Commandant, je ne le sais pas.
Mais, quand je revins près des autres,
J'avais le drapeau dans les bras.

RÉCIT.

C'est ainsi qu'il parla d'une voix fière et mâle.
Le chef alors embrassa son front pâle.
Ensuite, détachant
La croix de sa tunique,
Il l'attacha sur le cœur de l'enfant.
Lui chancela soudain, et dit en pâlissant:
Merci, mon commandant, gardez cette relique,
Moi, je ne la porterai pas;
Car un morceau de plomb que j'ai reçu là-bas
Me glace tout le cœur! Mais à ma vieille mère
Remettez cette croix d'honneur;
Dites-lui bien surtout que je n'ai pas eu peur,
Et suis mort en vrai militaire;
Puis aussi qu'avant de partir
Vous m'avez embrassé... ça lui fera plaisir!

CHANT.

Maintenant, adieu, camarades,
Et vous, mon commandant, adieu!
Je pars avec vos embrassades,
Et cela me console un peu.
O rêve ami de mon enfance,
Je suis tombé pour mon pays....
Ma mère et toi, mon vieux Paris,
Adieu! Je meurs... Vive la France!

LE VIGNERON
PATRIOTE

Chanson

Chantée par FERNAND à l'Alcazar.

Paroles de J. FAUQUE.
Musique de F. MAUBERT.

*La Musique se trouve chez LE BAILLY, éditeur,
rue Cardinale 6, Paris.*

Tout près de notre vieille église,
Gai vigneron, j'ai pour trésor
Quelques ceps de vigne et encor
Trois enfants, puis ma femme Lise;
Ma famille, c'est ma gaîté;
De Lise un baiser m'encourage;
Aussi j'ai du cœur à l'ouvrage,
Dans ma vigne en prospérité.

Gai vigneron, bon patriote,
Avec le vin, fils du soleil,
Mon chant, par sa joyeuse **note**,
De mon pays célèbre le réveil!

Lorsque je vois en l'allégresse
Mes enfants aux yeux réjouis.
C'est l'avenir, c'est le pays,
Que j'aperçois pleins de jeunesse;
Ayant foi dans l'humanité,
Qu'un malheureux frappe à ma porte,
Toujours ma ménagère apporte
Le vin de la fraternité!

    Gai vigneron, etc.

Si je tiens au morceau de terre
Qui me produit mon vin là-bas,
C'est qu'il fut témoin des combats
Que nous livrâmes dans la guerre.
Aux braves, morts sous nos drapeaux,
Quoique ma vigne soit petite,
Un coin leur sert de dernier gîte,
Et nous rappelle ces héros !

Gai vigneron, etc.

LE PÊCHEUR
DE VENISE
Barcarolle

Paroles de PAUL FAURE.
Musique de STANISLAS PILINSKI.

*La musique se trouve chez HIÉLARD, éditeur,
rue Laffitte, 8, Paris.*

Je suis le pêcheur de Venise,
La souveraine de ces mers ;
Elle commande aux flots amers
Auprès de son beau golfe assise.
Au souffle embaumé du zéphyr,
Elle s'élève souriante,
Et la vague, au loin murmurante, *(bis)*
En esclave soumise à ses pieds vient mourir. *(bis)*

Je suis fier de vivre pour elle,
Moi qu'on nomme le beau pêcheur:
Elle est la dame de mon cœur,
Je lui serai toujours fidèle.
Jamais, jamais quand fuit le jour,
A l'heure où la brume s'élance,
Je n'ai parlé dans le silence   *(bis)*
A quelque jeune fille en des termes d'amour. *(bi*

Je suis connu dans les campagnes,
Sur le golfe et dans les palais;
Je possède tous les secrets
Des grands, de leurs douces compagnes.
Le soir, quand les feux éclatants
Guident au loin les promenades,
Ma voix mêlée aux sérénades   *(bis)*
Valut une caresse à plus de mille amants. *(bi*

Ne craignez rien là, sous ma tente,
Vos caresses, vos doux baisers
A moi-même sont étrangers,
Car mon bras rame et ma voix chante.
Endormez-vous dans vos amours;
Venez, la nuit est douce et belle,
Et je suis le pêcheur fidèle,   *(bis)*
Et je suis le pêcheur, le pêcheur fidèle.
Ah! Ah! Ah!
Ah! je suis le pêcheur fidèle,
Le pêcheur de Venise aux célestes atours.   *(bis)*

LE
DRAPEAU
DES MORTS

Chanson Patriotique

Chantée par Mlle AMIATI à l'Eldorado.

Paroles de VILLEMER.
Musique de R. PLANQUETTE.

*La Musique se trouve chez LE BAILLY, éditeur,
rue Cardinale 6, Paris.*

Minuit sonnait dans le village ;
A la porte d'un cabaret
Des soldats frappaient au volet ;
Le maître dit : Point de tapage !
Pour descendre verser du vin
Il est bien trop tard à cette heure,
Je ne puis ouvrir ma demeure,
Allez, passez votre chemin.

Nous sommes des fils de la France!
Répondent alors les soldats,
Nous ne revenons, ici-bas,
Que pour boire à sa délivrance. *(bis)*

Quoi! des soldats de ma patrie!
Dit alors le cabaretier,
Nous allons vider mon cellier,
Ma cave pour vous est remplie. —

Je descends tirer les verroux,
Que d'un des fils de la Lorraine
La maison, des vôtres soit pleine ;
Mais, dites-moi, d'où venez-vous?

Nous sommes des fils de la France!
Répondent alors les soldats,
Nous ne revenons, ici-bas,
Que pour boire à sa délivrance.　　　*(bis.)*

Quand il eut rempli chaque verre,
Le cabaretier crut rêver,
En voyant alors se lever
Les habitants d'un cimetière. —
Autour de lui vingt cuirassiers
Aux faces pâles et sanglantes
Portaient de leurs mains chancelantes
Le vin de France à leurs gosiers. —

Nous sommes des fils de la France!
Répétaient alors les soldats,
Nous ne revenons, ici-bas,
Que pour boire à sa délivrance.　　*(bis)*

Puis, lorsque l'aube vint à naître,
L'un d'eux souleva son manteau,
Et dans ses plis prit un lambeau
Que la poudre devait connaître. —
Nous n'avons, dit-il, point d'argent,
Homme, pour payer la dépense,
Prends ces trois couleurs de la France,
C'est le drapeau du régiment.

Puis les sauveurs de notre armée,
Quand le soleil dora les toits,
Trinquèrent encore une fois
Et disparurent en fumée.　　*(bis)*

FLEUR DU SOIR

Romance

Paroles du Cte de VIEL-CASTEL.
Musique d'Alfred de LONGPÉRIER.

*La musique se trouve chez L. ESCUDIER,
éditeur, rue de Choiseul, 21, Paris.*

Je connais une fleur dans la verte prairie
Où je vais promener ma triste rêverie,
Humble parmi ses sœurs, douce, agréable à voir ;
Et, pour la respirer, je la cherche le soir.

Quand tout se tait au loin, et que dans la campagne
L'ombre avec la fraicheur descend de la montagne,
Je quitte alors la ville et son trouble et son bruit,
Pour respirer ma fleur éclose dans la nuit.

Sur l'humide gazon, je m'assieds auprès d'elle,
Et je lui dis bien bas : Ma fleur, vous êtes belle,
Vous avez la beauté des Anges du Seigneur,
Car vous êtes, comme eux, un vase de candeur.

Salut, modeste fleur ! chaste et charmant mystère,
Salut ! je viens à toi, ma pauvre solitaire,
Je viens de tes parfums m'enivrer jusqu'au jour,
Et te dire en pleurant tous mes chagrins d'amour !

Puis, je lui dis encor le nom de mon amie,
Ce nom toujours errant sur ma lèvre pâlie,
Et je reste à pleurer, penché sur le gazon,
Jusqu'à l'heure où le jour se montre à l'horizon.

Alors, quand les oiseaux réveillent le bocage,
Semblable au voyageur qui fuit devant l'orage,
Je me lève et je fuis, emportant de ma fleur
Les modestes parfums, mon triste et doux bonheur.

LA
MARSEILLAISE

CHANT NATIONAL DE 1792

Paroles et Musique de ROUGET DE L'ISLE

*La Musique se trouve chez LE BAILLY, éditeur
rue Cardinale, 6, Paris.*

Allons, enfants de la patrie,
Le jour de gloire est arrivé ;
Contre nous de la tyrannie
L'étendard sanglant est levé.　　　　(*bis.*)
Entendez-vous dans les campagnes,
Mugir ces féroces soldats !
Ils viennent jusque dans vos bras,
Egorger vos fils, vos compagnes !

Aux armes, citoyens, formez vos bataillons !
Marchons (*bis*), qu'un sang impur abreuve nos sillons.

Que veut cette horde d'esclaves,
De traîtres, de rois conjurés?
Pour qui ces ignobles entraves,
Ces fers dès longtemps préparés ?   *(bis.)*
Français pour nous ah! quel outrage!
Quels transports il doit exciter!
C'est nous qu'on ose méditer
De rendre à l'antique esclavage!

   Aux armes, etc.

Quoi! des cohortes étrangères
Feraient la loi dans nos foyers!
Quoi! ces phalanges mercenaires
Terrasseraient nos fiers guerriers!   *(bis.)*
Grand Dieu! par des mains enchaînées,
Nos fronts sous le joug se ploieraient!
De vils despotes deviendraient
Les maîtres de nos destinées!

   Aux armes, etc.

Tremblez, tyrans, et vous, perfides,
L'opprobre de tous les partis!
Tremblez, vos projets parricides
Vont enfin recevoir leur prix!   *(bis.)*
Tout est soldat pour vous combattre;
S'ils tombent, nos jeunes héros,
La terre en produit de nouveaux
Contre vous, tout prêts à se battre!

   Aux armes, etc.

Français, en guerriers magnanimes,
Portez ou retenez vos coups;

Épargnez ces tristes victimes
A regret s'armant contre nous. *(bis.)*
Mais ce despote sanguinaire,
Mais les complices de Bouillé,
Tous ces tigres qui, sans pitié,
Déchirent le sein de leur mère !...

    Aux armes, etc.

AMOUR SACRÉ de la patrie,
Conduis, soutiens nos bras vengeurs :
Liberté, Liberté chérie,
Combats avec tes défenseurs. *(bis)*
Sous nos drapeaux que la victoire
Accoure à tes mâles accents ;
Que tes ennemis expirants
Voient ton triomphe et notre gloire !

    Aux armes, etc.

Nous entrerons dans la carrière
Quand nos aînés n'y seront plus,
Nous y trouverons leur poussière
Et la trace de leurs vertus ! *(bis)*
Bien moins jaloux de leur survivre
Que de partager leur cercueil,
Nous aurons le sublime orgueil
De les venger ou de les suivre !

    Aux armes, etc.

Paris.—LE BAILLY, Libraire-éditeur,
Rue Cardinale, 6, et rue de l'Abbaye, 2 (bis),
(entre les rues de Buci et Bonaparte).
Les chansons contenues dans ce recueil sont la propriété de l'éditeur.
Les contrefaçons seront poursuivies avec toutes les rigueurs des lois.

LE TURCO

Poésie de PAUL DEROULÈDE

C'était un enfant, dix-sept ans à peine,
De beaux cheveux blonds et de grands yeux bleus.
De joie et d'amour sa vie était pleine,
Il ne connaissait le mal ni la haine ;
Bien aimé de tous, et partout heureux.
C'était un enfant, dix-sept ans à peine,
De beaux cheveux blonds et de grands yeux bleus.

Et l'enfant avait embrassé sa mère,
Et la mère avait béni son enfant;
L'écolier quittait les héros d'Homère,
Car on connaissait la défaite amère ;
Et que l'Ennemi marchait triomphant :
Et l'enfant avait embrassé sa mère,
Et la mère avait béni son enfant

Elle prit au front son voile de veuve
Et l'accompagna jusqu'au régiment.
L'enfant rayonnait sous sa veste neuve.
L'instant de l'adieu fut l'instant d'épreuve.
« Courage, mon fils ! — Courage, maman ! »
Elle prit au front son voile de veuve,
Et l'accompagna jusqu'au régiment.

Mais lorsque l'armée eut gravi la pente :
« Mon Dieu, disait-elle, ils m'ont pris mon cœur ;
Tant qu'il est parti, mon âme est absente. »
Et l'enfant pensait : « Ma mère est vaillante,
Je suis son fils et je n'aurai pas peur.
Mais lorsque l'armée eut gravi la pente :
« Mon Dieu, disait-elle, ils m'ont pris mon cœur. »

Le petit turco se battait en brave ;
Mais, quand vint l'hiver, il toussait bien fort,
Et le médecin voyant son œil cave ;
Lui disait : « partez, mon enfant, c'est grave ! »
L'enfant répondait : « Non, non pas encor ! »
Le petit turco se battait en brave,
Mais, quand vint l'hiver, il toussait bien fort,

Non, je ne veux pas quitter notre armée
Tant que les Prussiens sont dans mon pays,
Je veux délivrer la France opprimée ;
Je veux pouvoir dire à ma mère aimée :
Si je te reviens c'est qu'ils sont partis.
Non je ne veux pas quitter notre armée
Tant que les prussiens sont dans mon pays.

Pendant quelques jours le sort nous fit fête,
Et les allemands fuyaient devant nous.
Mais ils s'étaient fait un camp de retraite ;
Devant ces fossés leur fuite s'arrête,
Et tous ces renards entrent dans leurs trous.
Pendant quelques jours, le sort nous fit fête,
Et les allemands fuyaient devant nous.

Les remparts sont hauts, la plaine est immense,
Tout ce qui s'approche est bientôt détruit.
On fuit, on revient, l'assaut recommence,
Et le régiment des turcos s'élance,
Et le régiment des turcos périt....

Les remparts sont hauts, la plaine est immense,
Tout ce qui s'approche est bientôt détruit.

L'enfant est tombé frappé d'une balle,
Mais un vieux soldat l'a pris sur son dos;
Il ne connaît pas la fuite fatale;
La mort a déjà cerné son front pâle;
Ses yeux, sans regards, sont à demi clos,
L'enfant est tombé frappé d'une balle,
Mais un vieux soldat l'a pris sur son dos.

Et le grand arabe est là qui le garde,
Au bord d'une source, au fond d'un ravin.
Au loin le canon mugit et bombarde...
Levant doucement sa tête hagarde,
Son regard mourant s'anime soudain.
Et le grand arabe est là qui le garde,
Au bord d'une source, au fond d'un ravin.

« Où sont les prussiens ? Réponds, réponds vite.
« Les avons-nous bien vaincus cette fois ?
« Sommes-nous en France, et sont-ils en fuite ?
Et l'enfant voyant que l'arabe hésite,
Reprit tristement de sa douce voix :
« Où sont les prussiens ? Réponds, réponds vite.
« Dis, les avons-nous vaincus cette fois ? »

Et le vieux turco se prit à lui dire :
« Oui, petit Français, tu les as vaincus.
« — Alors je m'en vais... veux-tu me conduire?...
« Oh ! ma chère mère !... » Et dans ce sourire,
L'enfant s'endormit et ne parla plus.
Et le vieux turco ne cessait de dire :
Oui, petit Français, tu les as vaincus.

Les couplets ci-dessus sont extraits des *Chants du Soldat*, ouvrage couronné par l'Académie française, et en vente, au prix de 1 fr., chez Calmann-Lévy, éditeur, rue Auber, 3, et boulevard des Italiens, 15, Paris.

LE CHANT DU DÉPART

HYMNE DE GUERRE

Paroles de M.-J. CHÉNIER.
Musique de MÉHUL.

*La Musique se trouve chez LE BAILLY, éditeur,
rue Cardinale, 6, Paris.*

Un député du peuple.

La victoire, en chantant, nous ouvre la barrière,
　La liberté guide nos pas;
Et, du Nord au Midi, la trompette guerrière
　A sonné l'heure des combats.
　Tremblez, ennemis de la France!
　Rois ivres de sang et d'orgueil!
　Le peuple souverain s'avance:
　Tyrans, descendez au cercueil!

　La République nous appelle,
　Sachons vaincre ou sachons périr,
　Un Français doit vivre pour elle,
　Pour elle un Français doit mourir!

Une mère de famille.

De nos yeux maternels ne craignez pas les larmes !
    Loin de nous de lâches douleurs !
Nous devons triompher quand vous prenez les armes :
    C'est aux rois à verser des pleurs !
    Nous vous avons donné la vie,
    Guerriers, elle n'est plus à vous ;
    Tous vos jours sont à la patrie :
    Elle est votre mère avant nous !

    La République nous appelle,
    Sachons vaincre, ou sachons périr,
    Un Français doit vivre pour elle,
    Pour elle un Français doit mourir !

Deux Vieillards.

Que le fer paternel arme la main des braves !
    Songez à nous au champ de Mars ;
Consacrez dans le sang des rois et des esclaves
    Le fer béni par vos vieillards ;
    Et, rapportant sous la chaumière
    Des blessures et des vertus,
    Venez fermer notre paupière
    Quand les tyrans ne seront plus !

    La République nous appelle,
    Sachons vaincre, ou sachons périr,
    Un Français doit vivre pour elle,
    Pour elle un Français doit mourir !

Un Enfant.

De Barra, de Viala, le sort nous fait envie :
    Ils sont morts, mais ils ont vaincu.
Le lâche, accablé d'ans, n'a point connu la vie !
    Qui meurt pour le peuple a vécu !
    Vous êtes vaillants, nous le sommes ;
    Guidez-nous contre les tyrans ;
    Les républicains sont des hommes,
    Les esclaves sont des enfants !

    La République nous appelle,
    Sachons vaincre, ou sachons périr,
    Un Français doit vivre pour elle,
    Pour elle un Français doit mourir !

Une Épouse.

Partez, vaillants époux, les combats sont vos fêtes;
    Partez, modèles des guerriers;
Nous cueillerons des fleurs pour en ceindre vos têtes,
    Nos mains tresseront vos lauriers!
    Et si le temple de mémoire
    S'ouvrait à vos mânes vainqueurs,
    Nos voix chanteront votre gloire,
    Nos flancs porteront vos vengeurs.

    La République nous appelle,
    Sachons vaincre, ou sachons périr,
    Un Français doit vivre pour elle,
    Pour elle un Français doit mourir!

Une Jeune Fille.

Et nous, sœurs des héros, nous qui de l'hymenée
    Ignorons les aimables nœuds.
Si, pour s'unir un jour à notre destinée,
    Les citoyens forment des vœux,
    Qu'ils reviennent dans nos murailles,
    Beaux de gloire et de liberté,
    Et que leur sang, dans les batailles,
    Ait coulé pour l'égalité.

    La République nous appelle,
    Sachons vaincre, ou sachons périr,
    Un Français doit vivre pour elle,
    Pour elle un Français doit mourir!

Trois Guerriers.

Sur ce fer, devant Dieu, nous jurons à nos pères,
    A nos épouses, à nos sœurs,
A nos représentants, à nos fils, à nos mères,
    D'anéantir les oppresseurs :
    En tous lieux, dans la nuit profonde
    Plongeant l'infâme royauté,
    Les Français donneront au monde
    Et la paix et la liberté!

    La République nous appelle,
    Sachons vaincre, ou sachons périr,
    Un Français doit vivre pour elle,
    Pour elle un Français doit mourir!

LA COCARDE

Poésie de PAUL DEROULÈDE

Ma cocarde a les trois couleurs,
Les trois couleurs de ma patrie,
Le sang l'a bien un peu rougie,
La poudre, bien un peu noircie;
Mais elle est encor bien jolie,
Ma cocarde des jours meilleurs.

Que j'ai fait de route avec elle,
Toujours content et jamais las!
Que j'ai combattu de combats!
Ils la connaissaient, mes soldats!
Ah! bien des cocardes n'ont pas
Ruban si beau, couleur si belle.

Et maintenant, d'où je la tiens?
C'est presque un roman son histoire!
Dieu me garde d'en faire gloire!
Mais elle était, on peut m'en croire,
Elle était sous sa tresse noire :
Je l'ai vue, et je m'en souviens.

C'était après trois jours de marche!
Nous arrivions, transis de froid,
Cherchant l'auberge de l'endroit;
Mais elle, alors, nous aperçoit :

« Oh! les français de peu de foi ! »
Elle était debout sur les marches.

Nous approchons tout éblouis.
La maison est blanche et coquette,
Le feu brille, la table est prête :
« Jour d'espérance et jour de fête ! »
Entrez, dit-elle, et sur sa tête
Brillaient les couleurs du pays.

« Les Français sont chez eux en France;
Toute la ville vous attend.
Vous faisiez mal en en doutant. »
Elle riait tout en parlant,
Elle riait, et cependant
Mes larmes montent quand j'y pense.

Et j'y pense, et je la revois !
Elle était là, près de sa mère ;
Tout à coup, sur notre prière,
Elle chanta nos chants de guerre,
Et c'était la gloire en colère
Qui nous grondait par cette voix.

Et la belle et bonne française !
Le grand cœur et les jolis yeux !
Vous demandez, chers curieux,
Si je l'ai prise, audacieux,
La cocarde de ses cheveux?
Moi la prendre, qu'à Dieu ne plaise!

Mais, tout pensif, je regardais,
Je contemplais, parlant à peine,
Ce front d'enfant, cet air de reine,
Ces trois couleurs, dans cette ébène,
Et je me disais l'âme en peine :
« Tout cela reste et je m'en vais ! »

Le clairon sonne, adieu cocarde!
Adieu chanson! et cependant :
« Ah! si je l'avais, ce ruban.... »
Et je m'arrêtais tout tremblant,
Mais elle alors, si simplement :
« Tenez, dit-elle, Dieu vous garde! »

Ma cocarde a les trois couleurs,
Les trois couleurs de ma patrie,
Le sang l'a bien un peu rougie,
La poudre, bien un peu noircie,
Mais elle est encor bien jolie,
Ma cocarde des jours meilleurs.

Les couplets ci-dessus sont extraits *des chants du Soldat*, ouvrage couronné par l'Académie française, et en vente, au prix de 1 fr., chez Calmann Lévy, éditeur, rue Auber 3 et Boulevard des Italiens 15, Paris,

La Passerelle

Rondeau

Créé par Mme JUDIC au théâtre des Bouffes-Parisiens.

Paroles de G. BOYER.
Musique de A. COEDÈS.

*La musique se trouve chez J. HIÉLARD,
éditeur, rue Laffitte, 8, Paris.*

Jeanne, le poing sur la hanche,
Sur sa tête un lourd panier,
Va menant sa chèvre blanche
Au grand marché d'Olagnier.
Sur un pont elle s'engage,
Mais elle avait oublié

Qu'il avait fait grand orage :
Le pont était tout mouillé.

La chèvre glisse, et la belle
Aussitôt vient à tomber.
O mon doux Jésus, dit-elle,
Ici vais-je succomber?
Ne verrai-je plus ma mère,
La grand' placé où j'ai dansé,
Ni Manon la chevrière,
Ni Colin mon fiancé?

Colin passa, d'aventure,
A point pour la relever.
Il la vit, et je vous jure
Qu'il fût prompt à la sauver.
Est-ce sauver qu'il faut dire?
Je le laisse à deviner...
Jeanne se prit à sourire
Et voulut s'en retourner ;

« Oh! que nenni, reprit l'autre,
Le soleil va se montrer,
Sous mon bras passez le vôtre,
Tous deux nous allons rentrer. »
Et dans le bois il l'emmène,
Ils se mettent à jaser....
En passant sous le grand chêne
Colin dérobe un baiser,
Puis deux, puis trois, puis ensuite
On les vit bien s'attarder.
Voulez-vous savoir la suite?
Allez donc la demander

Aux oiseaux qui, sur leur tête,
N'ont cessé d'en gazouiller.
Ici, pour moi, je m'arrête,
Non pas sans vous conseiller,
Fillette au gentil corsage,
Que rien encor n'a souillé,
Quand il fera de l'orage,
D'éviter le pont mouillé.

J' SUIS INCRÉDULE

Chansonnette

Chantée par Mlle PAULA BROWNS à l'Eldorado.

Paroles de LOUIS CAPET et J. de RIEUX.
Musique de FRÉDÉRIC WACHS.

*La musique se trouve chez J. HIÉLLARD,
éditeur, rue Laffitte, 8, Paris.*

J'ai l'air comm' ça, mais tout de même,
J' suis pas si bêt' que l'on croit.
D'abord moi, j'ai pour système
Qu'il ne faut croir' que c' qu'on voit...
On m' disait, quand j'étais p'tite,
Qu' les enfants v'naient sous les choux...
Dans not' jardin j' cherchai vite...
Je n'en trouvais jamais chez nous.

Ah! qu' je m'dis, qu' c'est ridicule
De vous fair' des cont's comm' ça!...
Et d'puis c' temps j' suis incrédule,
Faut que j' voie... et j' sors pas de là.

Lorsque j' devins grande fille
Les garçons m' firent la cour :
Ils m' disaient qu' j'étais gentille,
Et m' poursuivaient d' leur amour.
Mais quand j' parlai d' monsieur l' maire
Et de m'assurer un sort,

Par un contrat d'vant notaire,
Plus personne! y cour'nt encor.

Ah! qu' je m' dis, etc.

Nous r'gardions dans le village
Passer des dam's de Paris
Dans leur brillant équipage :
Nous étions tous ahuris.
Nous admirions leur chev'lure,
Comm' nous autr's n'en avons pas,
V'là qu'en descendant d' voiture,
L' chignon tombe... patatras!

Ah! qu' je m' dis, etc.

Un soir, m' montrant la rivière,
Nicolas m' dit : J' vas m' périr
Si tu n' m'accord's pas, ma chère,
Un baiser. A toi d'choisir!
En m' défendant, v'là qu' je l' jette
En plein dans l'eau... sans soupçon.
J' crie au s'cours... j' perdais la tête...
Il nageait comme un poisson.

Ah! qu' je m' dis, etc.

L'autr' jour, Mad'leine, ma cousine,
S' plaignait d' son mari Bastien,
Et m' disait : Vois-tu, Cath'rine,
Reste fille, tu f'ras bien.
Un mari devient un maître
Qui ne fait qu' vous tracasser...
L' lend'main, j' les vois par la f'nêtre,
Qu'étaient en train d' s'embrasser.

Ah! qu' je m' dis, etc.

Paris.—LE BAILLY, Libraire-éditeur,
Rue Cardinale, 6, et rue de l'Abbaye, 2 bis
(entre les rues de Buci et Bonaparte).
Les chansons contenues dans ce recueil sont la propriété de l'éditeur.
Les contrefaçons seront poursuivies avec toute la rigueur des lois.

MA
PAOLA

Romance extraite de

L'AME EN PEINE

Opéra fantastique

Intercalée dans

MARTHA

Opéra

Paroles de M. de SAINT-GEORGES.
Musique de M. de FLOTOW.

*La musique se trouve chez L. LANGLOIS,
éditeur, rue Neuve-des-Petits-Champs, 48, Paris.*

Depuis le jour, j'ai paré ma chaumière
  De blanches fleurs, reines des prés ;
Puis, j'ai tressé sa couronne légère,
  Mes bons amis, vous la verrez.
Vous la verrez cette étoile que j'aime,
  Et qui n'a brillé qu'un seul jour... Ah !
Ma Paola, viens, ô mon bien suprême,
  Ma Paola, mon seul amour... Ah !
  Viens, ô toi, mon bien suprême,
Ma Paola, *(bis)* mon seul amour !

C'était la nuit, j'étais seul, triste et sombre,
 Quand à mes yeux, baignés de pleurs,
Elle apparut, aussi pâle qu'une ombre...
 Pour un instant, plus de douleurs !
Elle me dit : ô Frantz, ô mon bon frère,
 Oui, tous les ans, pendant ce jour... Ah !
Tu reverras celle qui t'est si chère,
 Ta Paola, ton seul amour.
Tu reverras celle qui t'est si chère,
Oui, ta Paola, ta Paola, ton seul amour.

 Chez moi, sans doute, elle est déjà ;
 Adieu ! je cours revoir ma Paola !
 Adieu ! adieu ! Adieu !

Les couplets ci-dessus sont extraits de la pièce en vente au prix de 1 fr. chez Mme Vve Jonas, éditeur, 4, rue Mandar, Paris.

LES VAUTOURS

Chanson satirique.

Chantée par BENEZIT aux Porcherons,
et par MORIN aux Concerts Bosquet.

Paroles et Musique de L. DURBEC.

*La musique se trouve chez LE BAILLY, éditeur,
rue Cardinale, 6, Paris.*

Sur la montagne un point noir se balance,
Comme un panache au casque d'un guerrier ;
Puis dans les airs, en sifflant, il s'élance,
Ainsi que fait le boulet meurtrier ;

L'oiseau vorace arrive à tire d'aile,
En décrivant un immense contour;
Allons, berger, siffle ton chien fidèle,
Veille au troupeau, car voici le Vautour!
L'oiseau vorace arrive à tire d'aile,
En décrivant un immense contour;
Allons, berger, siffle ton chien fidèle,
Veille au troupeau, car voici le Vautour; *(bis)*

Sous un portail tout enveloppé d'ombre
Vient se cacher un homme au noir manteau;
Et vous diriez à son visage sombre,
Que c'est un mort sorti de son caveau;
Où vas-tu donc, imprudente fillette!
Ne vois-tu pas, au pied de cette tour, *(bis)*
Le triste oiseau qui, dans l'ombre, te guette?
Rentre au logis, et prends garde au Vautour. *bis 2 fois.*

Et toi, vieillard, dont le morne visage
A pris le teint des vieilles pièces d'or,
Toi qui, caché derrière un noir grillage,
Veilles tremblant près de ton coffre-fort;
Toi dont Garat est l'immortel fétiche,
Toi dont la plume escompte tour à tour *(bis)*
Le sou du pauvre et les écus du riche,
Vil usurier, n'es-tu pas un Vautour? *bis 2 fois.*

Dans son boudoir, voyez la jeune femme
Se tatouant de blanc et de carmin;
Elle ira vendre et son corps et son âme
Pour un écu, pour un morceau de pain;
Mais pourquoi donc appelez-vous bel ange
Celle qui fait commerce de l'amour? *(bis)*
En la voyant se vautrer dans la fange
Appelez-la : Femelle du Vautour. *bis 2 fois.*

A MON FILS AUGUSTE

PAS EN PIERRE
EN BRONZE

Parodie

Paroles d'Étienne DUCRET
Musique de : *Il est en pierre!*

Pierre, hier, l'eusses-tu cru ?
A la barrière du Trône,
Quand ce grand roi (j'en marronne),
Dans la foire m'apparut,
Je me faisais une fête,
Me fiant au gai flonflon,
De reluquer, sur son faîte,
Philippe-Auguste en... *Moellon;*

Ah ! ah ! mais, s'il n'est pas *en pierre*,
    Pierre,
  Un, deux, trois !
    Est-il *en bois?*
  Deux, trois, quatre !
    Est-il *en plâtre?*
  Quatre, cinq !
    Est-il *en zinc?*
  — Non !... nous l'av... onze !
    En bronze !

J'aime les chevaux de bois,
Les hommes *en pain d'épice*,
Mais, Lui, lorsqu'à son caprice
Il mit le monde aux abois,
Comme une poupée *en cire*,
Se serait-il attendu
A se trouver, pauvre sire,
Las! après sa mort,... *fondu?*

    Ah! ah! mais, etc.

Le bronze à ce vaillant roi
Ne va guère, vois-tu, Pierre;
Car, sans lui jeter la pierre,
A la pierre il avait droit :
Puisque, (Dam! faut être juste,)
Par l'histoire il est prouvé
Que c'est à ce bon Auguste
Que Paris doit son... *pavé...*

    Ah! ah! mais, etc.

Ivre de gloire, au moins, si
Ce héros de haute taille
Était *en pierre de taille*,
Voire en pierre *grise*, ici,
Du haut de son fût *de marbre*,
Il pourrait, ayant son... grain,
Se laisser choir contre un arbre,
Sans se dévisser *l'airain*,...

    Ah! ah! mais, etc.

Nos rois, rien qu'en les touchant,
Guérissaient les écrouelles
De tous les Français,... hors celles
De leurs parents : c'est touchant !
Or, sans supprimer l'emplâtre,
Au contraire,... c'est le lieu
Qu'on nous en mette un *en plâtre*
Au milieu de... l'Hôtel-Dieu...

  Ah ! ah ! mais, etc.

Bien que vainqueur des Anglais,
On ne l'a pas fait *en glaise* :
Ce monarque, trop à l'aise,
A la pluie eut *coulé*... Mais,
Si la France, avec Philippe,
Jadis *fumait* sans tabac,
Philippe *pipait*, sans pipe,
Juifs, Albigeois, et... Ah bah !

  Quant à moi, Pierre,
  En fait de rois
   En pierre,
  J'en aime autant trois
   En bois,
  Qu'un, deux, trois ou quatre
   En plâtre,
  Ou que quatre ou cinq
   En zinc,
  Et même qu' onze
   En bronze !...

CES ROIS REMPLIS DE VAILLANCE

Couplets des Rois chantés dans

LA BELLE HÉLÈNE
Opéra bouffe

Paroles de H. MEILHAC et L. HALÉVY
Musique de J. OFFENBACH.

La musique se trouve chez HEUGEL et Cie, éditeurs, 2 bis, rue Vivienne.

Ces rois remplis de vaillance,
Plis de vaillance, plis de vaillance
   C'est les deux Ajax,
   Les deux, les deux Ajax,
Étalant t'avec jactance,
T'avec jactance, t'avec jactance,
   Leur double thorax,
   Leur dou double thorax.
Parmi le fracas immense
   Des cuivres de Sax,
Ces rois remplis de vaillance,
Plis de vaillance, plis de vaillance,
   C'est les deux Ajax,
   Les deux, les deux Ajax!

Ces rois remplis de vaillance,
　　Plis de vaillance,
　C'est les deux Ajax.
Ces rois remplis de vaillance,
　　Plis de vaillance,
　C'est les deux Ajax !

Je suis le bouillant Achille,
　　Le grand Myrmidon,
Combattant un contre mille,
　　Grâce à mon plongeon ;
J'aurais l'esprit bien tranquille,
　　N'était mon talon.
Je suis le bouillant Achille,
　　Le grand Myrmidon.　　(*ter*)

Je suis mari de la reine,
　　Le roi Ménélas ;
Je crains bien qu'un jour Hélène,
　　Je le dis tout bas,
Ne me fasse de la peine ;
　　N'anticipons pas !
Je suis mari de la reine,
　　Le roi Ménélas,　　(*ter*)

Le roi barbu qui s'avance,
　　C'est Agamemnon,
Et ce nom seul me dispense
　　D'en dire plus long ;
J'en ai dit assez, je pense,
　　En disant mon nom ;
Le roi barbu qui s'avance,
　　C'est Agamemnon.　　(*bis*)
Le roi barbu qui s'avance,
　　C'est Agamemnon, Aga, Aga, Agamemnon.

Les couplets ci-dessus sont extraits de la pièce en vente au prix de 2 fr. chez Calmann-Lévy, éditeur, 3, rue Auber, et 15 Boulevard des Italiens, Paris.

DAUMESNIL

ou

LE DRAPEAU NE SE REND JAMAIS

Chant patriotique

Chanté par VIALLA à l'Eldorado, et par
Mme KAISER à l'Alcazar.

Paroles de Am. BURION
Musique de R. PLANQUETTE

*La musique se trouve chez LE BAILLY, éditeur,
rue Cardinale, 6, Paris.*

Daumesnil était de l'école
Qui forma nos grands généraux :
A Montenotte, au pont d'Arcole,
On le vit combattre en héros.
Avec la pointe de l'épée
Il traça son nom glorieux
Dans cette immortelle épopée
Qui fait pâlir les jours des preux.

Salut au héros de Vincenne !
A Daumesnil, au bon Français !
De lui que tout soldat l'apprenne :
Le drapeau ne se rend jamais !   *(bis)*

A Wagram, un boulet stupide
Arrêta tout court son essor,
Mais dans ce cœur ferme, intrépide,
Le vieux sang français bout encor.
Et quand on verra pour la France
Commencer les jours de malheur,
Sa voix, sublime d'éloquence,
Reveillera l'antique honneur.

Salut au héros, etc.

Par deux fois, il voit la Patrie
Subissant la loi du plus fort.
De l'étranger la voix lui crie :
« A Blücher, vaincu, rends ton fort! »
Soldat, il nargue la menace,
On le flatte, il méprise encor,
Et dit, plein d'une mâle audace :
J'ai des canons ! — Gardez votre or !

Salut au héros etc.

Sois béni, béni dans la tombe
Où tu dors depuis quarante ans !
Un grand pays, quand il succombe,
Toujours doit hommage aux vaillants.
On sent renaître l'espérance
A ton noble et cher souvenir.
Grand Dieu, fais naître pour la France
Les Daumesnil de l'avenir.

Salut au héros etc.

TOUT FRANÇAIS EST SOLDAT

Chant National

Chanté par MARIUS à l'Alcazar.

Paroles de Paul MAX et ANDRÉOL,
Musique de L. DEMORTREUX.

*La Musique se trouve chez LE BAILLY, éditeur,
rue Cardinale, 6, Paris.*

Dans un but que chacun devine,
Il faut se montrer citoyen,
Se courber sous la discipline
Et du pays être gardien.
O saint amour de la Patrie,
Rends tous ses enfants valeureux;
Qu'avec la liberté chérie
Marchent riches, nobles et gueux!

Pour veiller au salut de la France,
Pour la garder d'un nouvel attentat,
Désormais pour sa défense,
Tout Français est soldat!

Nous les avons vus sous les balles
Marcher en bataillons épais,
Et dans ces luttes colossales
Ils reculaient, eux, des Français !
Mais tous ils ignoraient la guerre,
Et ces dignes fils des Gaulois,
Sans instruction militaire,
Faisaient d'inutiles exploits.

Pour veiller, etc.

De notre cœur l'amour déborde
Pour la patrie et son drapeau ;
Éloignons de nous la discorde
Qui met les peuples au tombeau.
Sous un principe égalitaire,
Nous verrons grandir l'union,
Et notre gloire héréditaire
Protégera la nation.

Pour veiller, etc.

Honneur à la fière jeunesse
Qui, dans Paris, manquant de pain,
Se battait comme une tigresse
Et ne se rendit qu'à la faim !
A Châteaudun, belle journée !
Elle soutint l'honneur français,
Et par une lutte acharnée
Se fit immortelle à jamais !

Pour veiller, etc.

Paris. — LE BAILLY, Libraire-éditeur,
Rue Cardinale, 6, et rue de l'Abbaye, 2 (bis),
(entre les rues de Buci et Bonaparte).
Les chansons contenues dans ce recueil sont la propriété de l'éditeur.
Les contrefaçons seront poursuivies avec toute la rigueur des lois.

AU PARADIS

Chansonnette

Paroles d'HIPPOLYTE GUÉRIN.
Musique d'ERNEST BOULANGER.

*La musique se trouve chez L. ESCUDIER,
éditeur, rue de Choiseul, 21, Paris.*

Le vieux curé de la commune
Est dans sa chambre à s'habiller ;
Sous sa fenêtre, une infortune
Se met, plaintive, à supplier.   (*bis*)
Prends, Marguerite, à ma toilette,
Mon manteau neuf, et le lui jette !
Mais, mon pasteur, vous oubliez
Qu'il est le seul que vous ayez.

Allons, Marguerite, vite, vite et vite !
Allons, Marguerite, fais ce que je dis.
J'en aurai, s'il devient mon gîte, ⎫
Encor bien moins au paradis,   ⎬ (*bis*)
    Au paradis.

Le vieux curé de la commune,
Devant son feu, va déjeuner ;
Au presbytère, une infortune
Pendant ce temps vient à sonner ;   (*bis*)
Tiens, Marguerite, alerte et forte,
Prends ma soupière, et la lui porte.
Mais, mon pasteur, vous-même, enfin,
Vous voulez donc mourir de faim.

Allons, Marguerite, vite, vite et vite !
Allons, Marguerite, fais ce que je dis.
Mourant, à jeun, j'en serai quitte } *(bis)*
Pour mieux dîner au paradis,
    Au paradis.

Le vieux curé de la commune,
Prêt à sortir, bréviaire au bras,
Voit derechef une infortune,
Vers son perron, traîner ses pas.   *(bis)*
Tiens Marguerite, et douce et bonne,
Prends cette bourse, et la lui donne !
Mais, mon pasteur, cet argent-ci,
Est le dernier qui soit ici !

Allons, Marguerite, vite, vite et vite !
Allons, Marguerite, fais ce que je dis.
L'or, à mon âge, est sans mérite : } *(bis)*
Il n'a pas cours au paradis,
    Au paradis.

L'AUMONIER DU RÉGIMENT

Romance dramatique

Paroles d'Am. BURION.
Musique de J. A. ANSCHUTZ.

*La Musique se trouve chez LE BAILLY, éditeur,
rue Cardinale 6, Paris.*

Ils combattaient, fiers, intrépides,
Le glaive en main, sous le ciel bleu ;
Les escadrons volaient, rapides,
Les régiments couraient au feu.

Et maintenant tout est mystère ;
Sur les grands monts la nuit s'étend !
Je viens, rêveur et solitaire,
Prier pour ceux que j'aimais tant.

   Ton prêtre t'en supplie,
   Seigneur, dans la patrie
   Daigne les réunir.
   Pour l'honneur de la France   *(bis)*
   Le soldat qui s'élance
   Tombe et meurt en martyr.

Mille boulets, grêle enflammée,
Criblaient les rangs de nos héros ;
Je vois encor, dans la fumée,
Étinceler nos vieux drapeaux ;
Mais, non ! là-bas tout fait silence :
Les morts, sanglants, jonchent le sol,
Et le vautour, qui se balance,
Au champ funèbre a pris son vol.

   Ton prêtre t'en supplie etc.

Retentissez, cris de victoire,
Clairons, sonnez vos chants joyeux ;
Nous retrouvons nos jours de gloire,
Je vous salue, ô fils, ô fils des preux !
Qu'en paix ici chacun repose,
Amis, dormez le long sommeil ;
Par votre mort, la sainte cause
Va triompher au grand soleil.

   Ton prêtre t'en supplie etc.

MA CHAUMIÈRE
EST ENCOR
FRANÇAISE

Chanson Patriotique

Créée par Mlle AMIATI, au Casino de Lyon.

Paroles de L. CAPET, et E. CAREL.
Musique de Charles MALO.

La Musique se trouve chez LE BAILLY, éditeur, rue Cardinale, 6, Paris.

      « O mon pays, sois mes amours
      « Toujours ! »
               (CHATEAUBRIAND.)

Sur les confins de la Lorraine,
A l'ombre d'un riant coteau,
Qui semble, en sa beauté sereine,
La draper dans un vert manteau,
On peut voir une humble chaumière,
Aux vieux murs noircis et fendus,
Qui borne aujourd'hui la frontière
Des champs que nous avons perdus.

Mon cœur, ici, respire à l'aise,
Dit une femme aux cheveux gris :
Que m'importe s'ils m'ont tout pris....
Ma chaumière est encor française !

On voulait me donner pour maître
Celui dont les soldats vainqueurs
Ont fusillé, sous ma fenêtre,
Mon fils, mon époux, deux grands cœurs !
C'est par amour de la Patrie
Qu'ils ont subi le même sort !
Français ils furent dans la vie,...
Français ils restent dans la mort !

Mon cœur, ici, respire à l'aise
Au milieu de leurs chers débris !
Que m'importe s'ils m'ont tout pris...
Ma chaumière est encor française ! !

Ces murs, bâtis par mon vieux père,
Ces témoins de mes jeunes ans,
Pourront assister, je l'espère,
Bientôt à mes derniers moments.
Et, si Française je suis née,
Du malheur bravant les affronts,
Eux et moi, douce destinée,
Français au moins nous resterons !

Mon cœur, ici, respire à l'aise
Au milieu de leurs chers débris !...
Que m'importe s'ils m'ont tout pris...
Ma chaumière est toujours française ! !

L'ENCAN

Chanson Satirique.

Paroles et Musique de L. DURBEC.

*La Musique se trouve chez LE BAILLY, éditeur,
rue Cardinale, 6, Paris.*

Gloire à l'encan ! dans le siècle où nous sommes,
Tout peut se vendre à bel argent sonnant !
Talents, vertus, les enfants et les hommes :
Au siècle d'or, tout se met à l'encan !

Sur ce vieux banc, quel amas de défroques !
Quel ramassis d'objets d'art, de bijoux !
Gais amateurs de montres à breloques,
C'est une vente, allons approchez-vous ;

Accourez vite aux enchères publiques,
Où l'huissier vend, en un suprême encan :
Meubles, joyaux, parures et reliques;
Faites vos prix, car c'est au plus offrant!

   Gloire à l'encan, etc.

Veufs et garçons, amis de la réclame,
Si vous avez l'esprit original,
Et si parfois vous voulez prendre femme,
Auparavant prenez... votre journal;
En consultant l'annonce au mariage,
Vous trouverez, dans ce risible encan,
Un choix complet de femmes de tout âge!
Dépêchez-vous, car c'est au plus offrant!

   Gloire à l'encan, etc.

Du paysan la récolte est perdue,
Et ses enfants sont couverts de haillons!
Ses deux grands bœufs, en traînant la charrue,
Sont tombés morts au bout de leurs sillons!
Le fils aîné, voyant cette misère,
Se fait soldat, dans un sublime encan,
Et, pour nourrir frères, sœurs, père et mère,
Avec bonheur se vend au plus offrant!

   Gloire à l'encan, etc.

Voyez passer, le front rêveur et sombre,
Ce vieux bandit, miné de désespoir,
Qui va cacher dans la nuit et dans l'ombre
Le crime affreux qu'il a commis ce soir!
Homme sans cœur, monstre qui n'a pas d'âme,
Sans avoir peur de cet horrible encan,
Après avoir vendu sa pauvre femme,
Il a vendu sa fille au plus offrant!

   Gloire à l'encan, etc.

LA SAUCISSE
AUX CHOUX
Rengaine Populaire

Chantée par J. PERRIN, au concert de l'Eldorado.

Paroles de PHILIBERT et BURANI.
Musique d'Antonin LOUIS.

La Musique se trouve chez LE BAILLY, éditeur, rue Cardinale, 6, Paris.

Chabanais mit à la mode
Un p'tit plat dont nous somm's fous ;
Pour êtr' bon, ça s'accommode
  Rien qu'avec des choux.
Paraît qu'pour la charcut'rie,
Tout l'monde a d' l'amour,
Car y a pas un' brasserie,
Où l'on n'dis' chaqu' jour :
Y a-t-il un plaisir plus doux,
Que d' manger d' la, que d' manger d' la,
  D' la bonne saucisse.
Y a-t-il un plaisir plus doux,
Que d' manger d' la, que d'manger d' la,
  D'la saucisse aux choux ?

C'est c' qui s'appell' un' toquade,
Tout le monde en veut goûter.
Et la d'sus, à s' rendr' malade,
  Faut les voir becqu'ter.
P'tits et grands, personn' ne boude,
Et les femm's surtout
Se lich'nt les doigts jusqu'au coude
  De c' léger ragoût.   Y a-t-il, etc.

Ru' de l'École-de-Méd'cine,
Un carabin, qu'avait d'quoi,
Offrait à sa carabine
  Un souper de roi :

Accepté! répond la belle,
  Je vais fair' le m'nu:
On s' f'ra craquer la bretelle
  De c'mets si connu.   Y a-t-il, **etc.**

Pour fêter l'hymen d'Adèle
  Avec son cousin l' sapeur,
La noce et la demoiselle
  S'en fur'nt chez l' traiteur.
Chacun voulait, à sa guise,
  De ceci de c'la;
La d'moisell' d'honneur, Élise
  Aux époux cria :   Y a-t-il, **etc.**

Ce qui fait l' succès d' la chose,
  Dès que l'on y goûte un peu,
C'est qu' c'est bon, puis, autre **cause**,
  C'est qu' ça coûte si peu.
Mêm' mon portier s'en régale,
  Dam' c'est pas chaqu' jour,
Mais quand il a la fringale
  Il dit à son tour :   Y a-t-il, **etc.**

On n'est pas sorti d' l'enfance,
  Que pour ça l'on est gourmet;
A pein' dans l'adolescence,
  Mon cousin promet :
Je connais un' blonde aimable,
  Qui l' fréquente un peu ;
Ell' m'a dit : faut l' voir à table,
  Disant avec feu :   Y a-t-il, **etc.**

Chez moi l'on fait la popote,
Je trouv' ça plus nourrissant;
Tout c'qu'on m' sert à la gargotte
  Me semble écœurant.
Ma femm' fait bien la cuisine,
  Mais ce qu'ell' fait l' mieux,
C'est, pardieu ! ça se devine,
  Ce mets savoureux.   Y a-t-il, **etc.**

FIN DE LA CHANSON FRANÇAISE.

TABLE ALPHABÉTIQUE

DES

POÉSIES, ROMANCES, CHANSONS ET SCÈNES COMIQUES

CONTENUES DANS

LA CHANSON FRANÇAISE

	Liv. Pages.
Adieu, Mignon (MIGNON, opéra-comique).	13—151
Adieux (les) à Ninette, mélodie.	10—113
A la Française.	1— 1
Allons, Margot, qu'on se dépêche, chanson du Postillon (LA TIMBALE D'ARGENT, opéra bouffe).	3— 31
Almée (l'), chanson orientale.	2— 17
Amour constant, ballade.	8— 96
Ange (l') de la bienfaisance, mélodie.	5— 59
Animaux (les), charge lyrique.	11—131
Au bord de la mer, barcarolle.	4— 46
Aveugle (l').	16—185
Au Paradis, chansonnette.	20—229
Aumônier (l') du Régiment, romance dramatique.	20—230
Beaux (les) jours d'avril, mélodie.	5— 57
Bacchante (la).	13—149
Bon gîte (le).	7— 73
Bonhomme Janvier (le), chansonnette.	4— 39
Boucle de cheveux (la), romance.	5— 52
Bouquet (le) de Manon, romance.	12—140
Carabiniers (les), ronde (LES BRIGANDS, opéra bouffe).	12—139
Cavalier (le) et l'Écho, dialogue musical.	4— 48
Ce qu'on nomme un Français.	15—171
Ces rois remplis de vaillance, couplets, (LA BELLE HÉLÈNE, opéra bouffe).	19—223
Chanson (la) de Marie.	8— 90
Chanson Nègre.	9—108
Chanson du mois de mai.	7— 83
Chanson (la) d'Yvonne.	7— 84
Chant (le) du Départ, hymne de guerre.	18—208
Chardonneret (le), chansonnette.	16—190
Chemin faisant, romance.	5— 54
Chien (le) de l'aveugle, romance.	3— 33

Ces Femmes-là, *romance dramatique*..	16—189
Clairon (le), *chant*.	2— 13
Cocarde (la), *poésie*.	18—211
Connais-tu le pays où fleurit l'oranger? *romance* (MIGNON, *opéra-comique*).	11—121
Cygnes blancs, *barcarolle*.	11—122
Daumesnil ou le drapeau ne se rend jamais, *chant patriotique*.	19—225
David Rizzio, *ballade*.	10—119
Demande et réponse, *madrigal*.	10—120
Dernier (le) **verre**, *chanson*. . . .	10—109
Dernier (le) jour d'un condamné, ou complainte du pauvre lapin.	6— 65
Dernière (la) hirondelle, *mélodie*. . . .	7— 77
Deux orages, *romance*.	9—105
Dieu vous bénisse! *romance*.	13—146
Dites-lui qu'on l'a remarqué (LA GRANDE DUCHESSE DE GÉROLSTEIN, *opéra bouffe*).	7— 79
Deux (les) sœurs, *valse*.	10—117
Dieu, notre père, *cantique*.	10—118
Deux (les) **hommes d'armes**, duo (GENEVIÈVE DE BRABANT, *opéra bouffe*).	5— 49
Drapeau (le) des morts, *chanson patriotique*.	17—199
Douce pensée, *mélodie*.	16—192
Doux réveil, *mélodie*.	11—130
Doux souvenir, *barcarolle*.	14—167
Écho (l') de la mansarde, *romance*. . .	12—143
École (l') buissonnière, *duo*.	6— 71
Elle ne croyait pas, dans sa candeur naïve, *mélodie* (MIGNON, *opéra comique*).	13—145
Embarras (l') du choix, *chansonnette*. .	7— 81
Embuscade (l'), *chant patriotique*. . .	12—142
Émigrés (les) d'Alsace, *souvenir*.	15—175
Encan (l'), *chanson satirique*.	20—233
Ennemi (l').	15—176
Enfants et cheveux blancs, *romance*. .	11—124
Enfant (l') **de Paris**, *scène dramatique*.	17—193
Espérance, *mélodie*.	14—158
Étoiles (les), *romance*.	13—154
Facteur (le) **rural**, couplets (LE CHATEAU A TOTO, *opéra bouffe*). . . .	12—133
Femme et fleur, *mélodie*.	14—162
Fille (la) du moutardier, *chansonnette*.	12—135
Festin (un) dans les blés, *chansonnette*.	2— 21

Fleur du soir, *romance*............	17—201
Fleur (la) du matin, *mélodie*........	2— 15
Fleur d'hiver, *mélodie*...........	3— 30
Garçons coiffeurs (les), *chanson type*..	15—178
Grande (la) sœur, *chansonnette*.....	13—152
Guide (le) montagnard........	4— 45
Hymne (l') de la vengeance, *chant patriotique*............	8— 91
Il faut lui couper les ailes, *romance*..	4— 41
Il n' faut pas m'en vouloir pour ça, *chansonnette*.............	10—115
Invitation (l') à la promenade, *chanson de printemps*...........	6— 70
Invocation à Vénus (LA BELLE HÉLÈNE, *opéra bouffe*)...........	2— 19
Je veux me marier, *chansonnette*....	9— 98
Journée du lycéen (la), *rondeau*.....	1— 4
J' suis incrédule, *chansonnette*.....	18—215
Jugement (le), de Pâris *fabliau* (LA BELLE HÉLÈNE, *opéra bouffe*)......	1— 7
La Timbale au sommet du mât, *couplets*, (LA TIMBALE D'ARGENT, *opéra bouffe*).............	16—184
Légères hirondelles, *mélodie*, (MIGNON, *opéra comique*)............	11—127
Marins (les) de France.........	11—125
Ma pâquerette, *rêverie*..........	14—166
Mes 28 jours, *chanson des réservistes*...............	4— 37
Ma première femme est morte, *légende* (BARBE-BLEUE, *opéra bouffe*).....	4— 43
Mon Dieu................	13—148
Marseillaise (la), chant national de 1792.	17—202
Ma Paola, *romance*, (L'AME EN PEINE, *opéra fantastique*), intercalée dans MARTHA, *opéra*............	19—217
Ma chaumière est encor française, *chanson patriotique*..........	20—232
Mule (la) de Pédro, *chanson* (LA MULE DE PÉDRO), *opéra*........	3— 25
Muletiers (les) de Castille, *duo*.....	2— 23
Nuage (le) rose, *mélodie*.........	8— 88
N'effeuillez pas les marguerites, *légende*.	6— 67
Nous venons du fin fond de la Perse, *chanson des colporteurs* (LE ROI CAROTTE, *opéra féerie*)........	14—163
On me nomme Hélène la blonde, couplets (LA BELLE HÉLÈNE, *opéra bouffe*).	16—187
Orpheline (l'), de la roche *mélodie*...	1— 11

Pas en pierre, en bronze! *parodie*	19—220
Parlez encore, Grand'mère, souvenir de la guerre 1870-71	12—137
Passerelle (la), *rondeau*	18—213
Pêcheur (le) de Venise, *barcarolle*	17—197
Petits (les) pifferari, *duo*	1— 3
Petits (les) ramoneurs, *duo*	1— 9
Plus (le) beau d'la fête, *chansonnette com.*	8— 93
Portrait (le) manqué, *chansonnette*	6— 63
Première (la), hirondelle *mélodie*	7— 75
Quand je suis sur la corde raide, couplets (LA PRINCESSE DE TRÉBIZONDE, *opéra bouffe*)	14—157
Rappel (le) de l'amour, *mélodie*	9—101
Retour (le) dans la patrie, *duo*	6— 68
Retour (le) de Lise, *mélodie*	5— 51
Réveil de la France, *mélodie*	9—103
Rose, pourquoi partir? *mélodie*	8— 87
Saucisse (la) aux choux, *rengaine*	20—235
Salut! Salut! *romance*	1— 10
Si j'avais des ailes! *souvenir*	6— 64
Si j'osais... oser, *chansonnette*	3— 27
Sardine (la) aventureuse, *légende*	10—110
Soldats (les) de la Liberté, *chant*	5— 55
Tourments (les) d'un garçon de ferme, *chansonnette*	16—183
Tout Français est soldat, *chant*	19—227
Turco (le), *poésie*	18—205
Un Portrait	2— 20
Un Déjeuner sur l'herbe, *chansonnette*	15—173
Une Mère, *romance*	11—128
Vaillants Guerriers, *couplets* (LE PETIT FAUST, *opéra bouffe*)	8— 85
Vautours (les), *chanson satirique*	19—218
Vertus (les) de l'amour, *romance*	3— 35
Vigneron (le) patriote, *chanson*	17—196
V'là qu' tout ça dégringole	13—155
Voulez-vous accepter mon bras? *ronde du Brésilien* (LE BRÉSILIEN, *comédie*)	15—169
Victime de l'absinthe, *romance*	9— 97
Vie (la) d'une fleur, *romance*	9—106
Y fait son nez, *chansonnette comique*	14—160

FIN DE LA TABLE

Paris. — Imprimerie Arnous de Rivière, rue Racine, 26.

www.ingramcontent.com/pod-product-compliance
Lightning Source LLC
Chambersburg PA
CBHW060126170426
43198CB00010B/1056